에듀윌과 함께 시작하면,
당신도 합격할 수 있습니다!

대학 진학 후 진로를 고민하다 1년 만에
서울시 행정직 9급, 7급에 모두 합격한 대학생

다니던 직장을 그만두고
어릴 적 꿈이었던 경찰공무원에 합격한 30세 퇴직자

용기를 내 계리직공무원에 도전해
4개월 만에 합격한 40대 주부

직장생활과 병행하며 7개월간 공부해
국가공무원 세무직에 당당히 합격한 51세 직장인까지

누구나 합격할 수 있습니다.
시작하겠다는 '다짐' 하나면 충분합니다.

마지막 페이지를 덮으면,

**에듀윌과 함께
공무원 합격이 시작됩니다.**

누적판매량 250만 부 돌파!
59개월 베스트셀러 1위 공무원 교재

7·9급공무원 교재

| 기본서 (국어/영어/한국사) | 기본서 (행정학/행정법총론) | 단원별 기출&예상 문제집 (국어/영어/한국사) | 단원별 기출&예상 문제집 (행정학/행정법총론) | 기출문제집 (국어/영어/한국사) | 기출문제집 (행정학/행정법총론/사회복지학개론) |

9급공무원 교재

| 기출 오답률 TOP 100 (국어+영어+한국사 300제) | 기출PACK 공통과목(국어+영어+한국사) /전문과목(행정법총론+행정학) | 실전동형 모의고사 (국어/영어/한국사) | 실전동형 모의고사 (행정학/행정법총론) | 봉투모의고사 (일반행정직 대비 필수과목 /국가직·지방직 대비 공통과목 1, 2) | 지방직 합격면접 |

7급공무원 교재

| PSAT 기본서 (언어논리/상황판단/자료해석) | PSAT 기출문제집 | 민경채 PSAT 기출문제집 | 기출문제집 (행정학/행정법/헌법) |

군무원 교재

| 기출문제집 (국어/행정법/행정학) | 파이널 적중 모의고사 (국어+행정법+행정학) |

경찰공무원 교재

| 기본서 (경찰학) | 기본서 (형사법) | 기본서 (헌법) | 기출문제집 (경찰학/형사법/헌법) | 실전동형 모의고사 2차 시험 대비 (경찰학/형사법/헌법) | 합격 경찰면접 |

계리직공무원 교재

기본서
(우편상식_우편일반)

기본서
(금융상식_예금일반+보험일반)

기본서
(컴퓨터일반·기초영어)

단원별 문제집
(우편상식_우편일반)

단원별 문제집
(금융상식_예금일반+보험일반)

단원별 문제집
(컴퓨터일반_기초영어 포함)

소방공무원 교재

기본서
(소방학개론/소방관계법규
/행정법총론)

단원별 기출문제집
(소방학개론/소방관계법규
/행정법총론)

기출PACK
(소방학개론+소방관계법규
+행정법총론)

(ebook)파이널 적중 모의고사
(소방학개론/소방관계법규
/행정법총론)

국어 집중 교재

매일 기출한자(빈출순)

매일 푸는 비문학(4주 완성)

영어 집중 교재

빈출 VOCA

매일 3문 독해(4주 완성)

빈출 문법(4주 완성)

기출판례집(빈출순) 교재

행정법

헌법

형사법

단권화 요약노트 교재

국어 문법 단권화 요약노트

영어 단기 공략
(핵심 요약집)

한국사 흐름노트

행정학 단권화 요약노트

행정법 단권화 요약노트

더 많은
공무원 교재

1초 합격예측
모바일 성적분석표

1초 안에 '클릭' 한 번으로 성적을 확인하실 수 있습니다!

활용 GUIDE

실시간 성적분석 방법!

STEP 1		STEP 2		STEP 3
QR 코드 스캔	▶	모바일 OMR 입력	▶	자동채점 & 성적분석표 확인

STEP 1

QR 코드 스캔

- 교재의 QR 코드를 모바일로 스캔 후 에듀윌 회원 로그인
- QR 코드 하단의 바로가기 주소로도 접속 가능

STEP 2

모바일 OMR 입력

- 회차 확인 후 '응시하기' 클릭
- 모바일 OMR에 답안 입력
- 문제풀이 시간까지 측정 가능

STEP 3

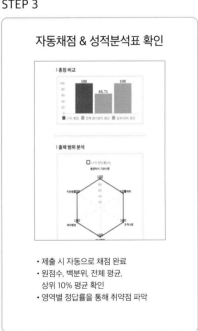

자동채점 & 성적분석표 확인

- 제출 시 자동으로 채점 완료
- 원점수, 백분위, 전체 평균, 상위 10% 평균 확인
- 영역별 정답률을 통해 취약점 파악

※ 본 서비스는 에듀윌 공무원 교재(연도별, 회차별 문항이 수록된 교재)를 구입하는 분에게 제공됨.

군무원,
에듀윌을 선택해야 하는 이유

합격자 수 수직 상승
2,100%

합격자 수
2,100%
증가

2017년

2022년

명품 강의 만족도
100%

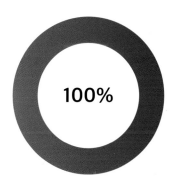

100%

군무원

베스트셀러 1위
59개월(4년 11개월)

5년 연속 군무원 교육
1위

* 2017/2022 에듀윌 공무원 과정 최종 환급자 수 기준   * 9급군무원 대표 교수진 2023년 4월 강의 만족도 평균(배영표, 윤세훈, 김용철, 박도준)
* YES24 수험서 자격증 공무원 베스트셀러 1위 (2017년 3월, 2018년 4월~6월, 8월, 2019년 4월, 6월~12월, 2020년 1월~12월, 2021년 1월~12월, 2022년 1월~12월, 2023년 1~10월 월별 베스트, 매월 1위 교재는 다름)
* 2023, 2022, 2021 대한민국 브랜드만족도 군무원 교육 1위 (한경비즈니스) / 2020, 2019 한국브랜드만족지수 군무원 교육 1위 (주간동아, G밸리뉴스)

eduwill

1위 에듀윌만의
체계적인 합격 커리큘럼

원하는 시간과 장소에서, 1:1 관리까지 한번에
온라인 강의

① 독한 교수진의 1:1 학습관리
② 과목별 테마특강, 기출문제 해설강의 무료 제공
③ 초보 수험생 필수 기초강의와 합격필독서 무료 제공

쉽고 빠른 합격의 첫걸음 합격필독서 무료 신청

최고의 학습 환경과 빈틈 없는 학습 관리
직영 학원

① 현장 강의와 온라인 강의를 한번에
② 확실한 합격관리 시스템, 아케르
③ 완벽 몰입이 가능한 프리미엄 학습 공간

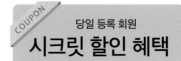

COUPON 당일 등록 회원
시크릿 할인 혜택

합격전략 설명회 신청 시 당일 등록 수강 할인권 제공

친구 추천 이벤트

" 친구 추천하고 한 달 만에
920만원 받았어요 "

친구 1명 추천할 때마다 현금 10만원 제공
추천 참여 횟수 무제한 반복 가능

※ *a*o*h**** 회원의 2021년 2월 실제 리워드 금액 기준
※ 해당 이벤트는 예고 없이 변경되거나 종료될 수 있습니다.

친구 추천 이벤트
바로가기

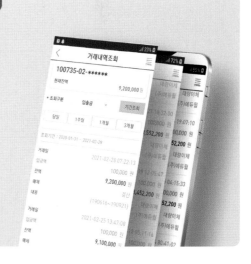

효율적인 회독을 위한
3회독 플래너

한눈에 확인하는
3회독 점수체크표

구분		1회독	2회독	3회독
PART 01 9급	2023			
	2022			
	2021			
	2020			
	2019(추가)			
	2019			
	2018			
	2017			
	2016			
	2015			
	2014			
	2013			
	2012			
	2011			
	2010			
	2009			
	2008			
	2007			
	2006			
PART 02 7급	2023			
	2022			

구분		1회독	2회독	3회독
PART 01 9급	2023			
	2022			
	2021			
	2020			
	2019(추가)			
	2019			
	2018			
	2017			
	2016			
	2015			
	2014			
	2013			
	2012			
	2011			
	2010			
	2009			
	2008			
	2007			
	2006			
PART 02 7급	2023			
	2022			

플래너&점수체크표 활용 TIP

1. 기출문제를 풀고 난 후, **각 회차의 맨 앞 회독표**에 푼 날짜, 시간, 점수를 기록하세요!

2. **3회독 플래너**에 ☑ 표시하여 회독을 철저히 체크하세요!

3. **3회독 점수체크표**에 회독별 점수를 기록하여 합격선과 비교해보고 변화하는 본인의 점수를 확인하세요!

ENERGY

세상을 움직이려면
먼저 나 자신을 움직여야 한다.

– 소크라테스(Socrates)

2024

에듀윌 군무원
18개년 기출문제집

행정법

왜, 군무원인가?

군무원이란?

군부대에서 군인과 함께 근무하는 공무원으로 신분은 「국가공무원법」상 특정직 공무원으로 분류됩니다. 일반군무원과 전문군무경력관, 임기제 군무원으로 나뉘며 일반군무원은 기술·연구 또는 행정일반에 대한 업무를 담당하고 국방부 직할부대(정보사, 기무사, 국통사, 의무사 등), 육군·해군(해병대)·공군 본부 및 예하부대에서 근무하게 됩니다.

선호 이유

1 단, 3과목만으로 공무원 합격!

- ☑ **영어 과락 걱정 Zero!**
  영어 과목이 영어능력검정시험으로 대체
- ☑ **방대한 한국사 학습 부담 Zero!**
  한국사 과목이 한국사능력검정시험으로 대체
- ☑ **국어, 전공과목1, 전공과목2 → 총 3과목**(7급은 총 4과목)
  단기간에 3과목만으로도 군무원 합격 가능

  * 상세 기준은 본책 9p 참고

2 일반 공무원 시험과 병행 가능!

- ☑ **9급공무원 행정직과 유사한 시험 과목!**
  군무원 행정직은 국어, 행정법, 행정학, 군수직은 국어, 행정법, 경영학으로 9급공무원 응시 과목과 유사
- ☑ **누구나 응시 가능!**
  학력 및 성별 차별이 없는 공정한 시험
  행정직과 군수직은 특정 자격증 없이도 응시 가능

3 일반 공무원과 동일 대우! 동일 혜택!

- ☑ **급여, 수당, 연금 혜택 등 일반 공무원과 동일 대우!**
  「공무원보수규정」을 적용하며 공무원과 동일한 급여체계
  60세까지 정년 보장과 군무원 연금의 혜택
- ☑ **다양한 휴가제도!**
  연가, 병가, 공가, 특별휴가 등 여유로운 개인생활 보장
- ☑ **군무원만의 혜택은 덤!**
  군인과 동일하게 군 복지시설 이용 가능

몇 개년을 풀어봐야 할까?

과거의 군무원 시험은 일반 공무원 시험에 비해 지엽적으로 출제되는 경향이 있었으나 2020년 기출문제가 공개되면서부터 이러한 부분들이 많이 개선되었다는 평이 있습니다. 하지만 공개된 기출문제는 4개년뿐이고, 한 번이라도 출제된 문항은 언제든지 다시 출제될 가능성이 있으므로 본 교재는 전 회차 기출문제를 수록하였습니다. 전 회차 기출문제를 바탕으로 빈틈없이 학습하여 군무원 고득점을 달성하시기 바랍니다.

군무원을 준비해야 하는 이유

1 지속적으로 증가하는 군무원 정원

국방부는 업무보고를 통해 국방업무의 전문성·연속성을 위해 군무원을 2027년까지 4.7만여 명으로 확대한다고 발표하였습니다. 이에 앞으로도 군무원 채용은 긍정적 흐름을 유지할 것으로 보입니다.

2 상대적으로 낮은 경쟁률

2023년 기준 9급 국가직 일반행정직(전국 일반)의 경쟁률은 73.5:1이었던 반면, 9급 육군 행정직 군무원의 경쟁률은 38.7:1이었습니다. 상대적으로 낮은 경쟁률로 합격에 대한 부담감이 적습니다.

2023년 9급 행정·군수 필기 합격선

*육군 기준

구분	모집인원	지원인원	경쟁률
행정	246명	9,523명	38.7 : 1
군수	519명	3,238명	6.2 : 1

머리말

온고지신 [溫故知新]

온고지신은 '옛것을 익히고 그것을 통하여 새것을 앎'이라는 의미입니다. 무엇을 준비하고 맞이하기 위해서 끊임없는 노력을 기울이는 것은 너무 당연합니다. 힘을 기르고, 마음의 강함을 키우고 연마하는 것입니다.

그런데 힘과 마음의 강함만 키우면 만반의 대비가 되는 것일까요? 너무 막연합니다. 우리는 어떤 것에 대해 준비가 되었는지를 구체적인 평가를 통해 냉정하게 돌아봐야 합니다. 그런데 그러한 평가를 해 보기에 앞서 선행되어야 할 것이 바로 과거의 역사적 사실에 비추어 보는 것입니다.

18개년 군무원 기출문제는 군무원 시험의 역사입니다. 매년 출제되었던 기출문제야말로 생생한 군무원 시험의 역사적 사실이므로, 이를 통해 군무원 시험의 성격과 흐름, 시험에서의 주안점, 주요 영역 및 단원을 파악할 수 있게 됩니다.

따라서, 기출문제 풀이 과정은 본인이 군무원 시험에 대비가 되었는지 돌아보는 계기가 됩니다. 또한, 앞으로 남은 준비 과정에서 힘을 기르고 마음을 강하게 하여 평가를 받기 위해 단련하는 필수적인 과정입니다.

본 교재를 접하고 이 글을 읽고 있는 수험생이라면 기본 이론 과정은 어느 정도 학습하였을 것으로 추정됩니다. 갈고 닦았던 기본 이론이 군무원 시험에서 어떤 유형으로 발현되는지 궁금하지 않을 수 없을 것입니다. 본 교재를 통해 기출문제를 풀이하는 수험생 분들에게 다음과 같이 당부하고자 합니다.

기출문제를 토대로 준비하되 이보다는 더 난도를 높여 수험 준비를 해야 합니다.

기출만이 전부라고 생각하고 대비하는 것은 위험합니다. 18개년 기출문제를 모두 풀고 나면 군무원 시험이 일반적으로 쉽게 출제된다는 점과 특정 영역에 다소 치우쳐있다는 것을 알게 될 것입니다. 이 때문에 아마 자신감도 생길 것이고, 때론 조금 안일한 생각이 들 수도 있습니다. 그러나 시험은 변별력을 확보함이 목적이라는 점을 잊지 말아야 합니다.

군무원 시험의 출제난도는 점점 높아지고 있는 추세입니다. 약 15년 전의 기출문제와 2023년도의 문제는 난도, 출제 경향 측면에서 상당히 다릅니다. 해마다 난도가 조금씩 높아져서 확연하게 체감하지 못할 뿐이지 2개년도의 기출문제만 놓고 비교해 보면 차이가 크다는 것을 알 수 있습니다.

그러므로 일반행정직 9급 공무원 시험의 난도에 맞춰서 준비하십시오. 그리고 특정 영역에 다소 편중된 군무원 시험을 전적으로 신뢰하여서는 안 됩니다. 처음부터 끝까지 준비는 하되 군무원 시험에서의 주요 출제 영역을 조금 더 공부하는 방법을 권합니다. 난도가 높은 다른 공무원 시험의 기출문제와 함께 모의고사 문제를 푸는 것도 아주 훌륭한 훈련이 될 것입니다.

이러한 강도 높은 훈련으로 진입하는 교량 역할을 하는 것이 바로 본 교재입니다. 본 교재가 많은 수험생들에게 자신의 준비상태를 돌아보고, 부족한 점을 보완하여 보다 높은 난도의 문제로 진입하는 역할을 수행하기를 기원합니다. 수험생들의 건투를 빕니다.

저자 김용철

군무원 시험 정보

직렬 정보 & 주요 업무

직군	직렬	업무내용
행정	행정	• 국방정책, 군사전략, 체계분석, 평가, 제도, 계획, 연구 업무 • 일반행정, 정훈, 심리 업무 • 법제, 송무, 행정소송 업무 • 세입 · 세출결산, 재정금융 조사분석, 계산증명, 급여 업무 • 국유재산, 부동산 관리유지 · 처분에 관한 업무
	사서	도서의 수집 · 선택 · 분류 · 목록작성 · 보관 · 열람에 관한 업무
	군수	• 군수품의 소요 · 조달, 보급 · 재고관리, 정비계획, 물자수불(청구, 불출) 업무 • 물품의 생산 · 공정 · 품질 · 안전관리 · 지원활용 등 작업계획, 생산시설 유지 · 생산품 처리 업무
	군사정보	주변국 및 대북 군사정보 수집, 생산관리, 부대전파 및 군사보안 업무
	기술정보	• 외국정보 및 산업, 경제, 과학기술 정보의 수집, 생산관리 보안 업무 • 정보용 장비, 기기 등에 의한 정보수집 업무
	수사	범죄수사, 비위조사, 범죄예방, 계몽활동 등에 관한 업무

※ 그 외 시설, 정보통신, 공업, 함정, 항공, 기상, 보건 직군별 직렬의 업무내용은 국방부 군무원채용관리 사이트에서 확인할 수 있음

지원자격 및 시행일정

1. 응시원서 접수 시 유의사항

필기시험일이 동일하므로 공채(일반, 장애인 구분) 및 경채(육군 · 지역 구분 · 장애인 구분, 국직기관) 중복지원이 불가하며, 국방부 · 육군 · 해군(해병대) · 공군 주관 채용시험도 2개 이상 기관에 중복(복수)하여 응시원서를 접수할 수 없으며, 중복(복수) 접수가 확인되는 경우 접수일자를 기준으로 나중에 접수한 원서를 취소합니다.

※ 모집 구분별, 채용시험 주관 기관별 하나만 선택하여 응시원서 접수 가능

2. 응시연령
• 7급 이상: 20세 이상
• 8급 이하: 18세 이상

3. 2024년 채용일정(안)

채용 구분	원서접수	필기시험	면접시험	합격자 발표
공개경쟁채용	5월 초	7월 중순	9월 말	10월 초
경력경쟁채용				

※ 최근 채용일정을 기준으로 하였으며, 세부 일정은 추후 반드시 국방부 군무원채용관리 사이트에서 확인하여야 함

※ 각 군별 군무원 채용관리 사이트

　– 국방부: https://recruit.mnd.go.kr

　– 육군: https://www.goarmy.mil.kr

　– 해군/해병대: https://www.navy.mil.kr

　– 공군: https://rokaf.airforce.mil.kr

시험 과목

1. 공개경쟁채용 시험 과목

직군	직렬	계급	시험 과목
행정	행정	5급	국어, 한국사, 영어, 행정법, 행정학, 경제학, 헌법
		7급	국어, 한국사, 영어, 행정법, 행정학, 경제학
		9급	국어, 한국사, 영어, 행정법, 행정학
	사서	5급	국어, 한국사, 영어, 자료조직론, 도서관경영론, 정보학개론, 참고봉사론
		7급	국어, 한국사, 영어, 자료조직론, 도서관경영론, 정보봉사론
		9급	국어, 한국사, 영어, 자료조직론, 정보봉사론
	군수	5급	국어, 한국사, 영어, 행정법, 행정학, 경제학, 경영학
		7급	국어, 한국사, 영어, 행정법, 행정학, 경영학
		9급	국어, 한국사, 영어, 행정법, 경영학
	군사정보	5급	국어, 한국사, 영어, 국가정보학, 정보사회론, 정치학, 심리학
		7급	국어, 한국사, 영어, 국가정보학, 정보사회론, 심리학
		9급	국어, 한국사, 영어, 국가정보학, 정보사회론
	기술정보	5급	국어, 한국사, 영어, 국가정보학, 정보사회론, 정보체계론, 암호학
		7급	국어, 한국사, 영어, 국가정보학, 정보사회론, 암호학
		9급	국어, 한국사, 영어, 국가정보학, 정보사회론
	수사	5급	국어, 한국사, 영어, 형법, 형사소송법, 행정법, 교정학
		7급	국어, 한국사, 영어, 형법, 형사소송법, 행정법
		9급	국어, 한국사, 영어, 형법, 형사소송법

※ 영어는 영어능력검정시험, 한국사는 한국사능력검정시험으로 대체함

※ 그 외 직군과 경력경쟁채용 시험 과목은 국방부 군무원채용관리 사이트에서 확인할 수 있음

2. 영어능력검정시험 기준 점수

시험의 종류	5급	7급	9급
토익(TOEIC)	700점 이상	570점 이상	470점 이상
토플(TOEFL)	PBT 530점 이상, IBT 71점 이상	PBT 480점 이상, IBT 54점 이상	PBT 440점 이상, IBT 41점 이상
신텝스(TEPS) (2018.5.12. 이후에 실시된 시험)	340점 이상	268점 이상	211점 이상
지텔프(G-TELP)	Level 2 65점 이상	Level 2 47점 이상	Level 2 32점 이상
플렉스(FLEX)	625점 이상	500점 이상	400점 이상

※ 청각장애 2·3급 응시자의 경우, 국방부 군무원 채용관리 사이트에서 기준 점수 확인 가능
※ 해당 공개경쟁채용시험의 필기시험 예정일로부터 역산하여 3년이 되는 해의 1.1. 이후에 실시된 시험에 한해 기준점수 인정
※ 응시원서 접수 시에 본인이 취득한 영어능력검정시험명, 시험일자 및 점수 등을 정확히 표기

3. 한국사능력검정시험 기준 등급

시험의 종류	5급	7급	9급
한국사능력검정시험	2급 이상	3급 이상	4급 이상

※ 해당 공개경쟁채용시험의 필기시험 예정일로부터 역산하여 4년이 되는 해의 1.1. 이후에 실시된 시험으로서, 필기시험 예정일 전까지 성적이 발표된 시험 중 응시 계급별 기준 등급 이상의 성적에 한해 인정
※ 응시원서 접수 시에 본인이 취득한 한국사능력검정시험의 합격 등급, 인증번호(8자리)를 정확히 표기(증빙서류 제출 없음)

가산점

1. 취업지원대상자 및 의사상자 등

적용대상	• 「독립유공자예우에 관한 법률」 제16조, 「국가유공자 등 예우 및 지원에 관한 법률」 제29조, 「보훈보상대상자 지원에 관한 법률」 제33조, 「5·18민주유공자 예우에 관한 법률」 제20조, 「특수임무유공자 예우 및 단체설립에 관한 법률」 제19조에 의한 취업지원대상자 • 「고엽제후유의증 등 환자지원 및 단체설립에 관한 법률」 제7조의9에 의한 고엽제후유의증 환자와 그 가족 및 「국가공무원법」 제36조의2에 의한 의사자 유족, 의상자 본인 및 가족
가점비율	과목별 만점의 40% 이상 득점한 자에 한하여, 과목별 득점에 과목별 만점의 일정비율(10%, 5%, 3%)에 해당하는 점수를 가산함
선발범위	취업지원대상자 가점을 받아 합격하는 사람은 선발예정인원의 30%(의사상자 등 가점의 경우 10%)를 초과할 수 없음

※ 취업지원대상자 및 의사상자 등의 여부와 가점비율은 국가보훈처 및 지방보훈청, 보건복지부 사회서비스자원과 등으로 본인이 사전에 확인하여야 함

2. 응시직렬 가산 자격증 소지자

직렬(30개)	토목, 건축, 시설, 전기, 전자, 통신, 지도, 영상, 일반기계, 금속, 용접, 물리분석, 화학분석, 유도무기, 총포, 탄약, 전차, 차량, 인쇄, 선체, 선거, 함정기관, 잠수, 기체, 항공기관, 항공보기, 항공지원, 기상, 기상예보, 의공
적용대상	7급·9급 공개경쟁채용 시험 응시자에 한함 ※ 공채 시험 응시자격증·면허증 소지 필수 직렬(사서, 환경 등)은 가산점 반영 제외
가산비율	• 7급: 기술사·기능장·기사 5%, 산업기사 3% • 9급: 기술사·기능장·기사·산업기사 5%, 기능사 3%

3. 가산점 적용 관련 유의사항

- 필기시험 시행 전일까지 취업지원대상자 및 의사상자 등에 해당하거나 공채 가산 자격증·면허증을 소지(취득)한 경우 가산점을 부여함
- 필기시험 매 과목 만점의 40% 이상 득점한 자에 한하여, 각 과목별 득점에 각 과목별 만점의 일정 비율(10%, 5%, 3%)에 해당하는 점수를 가산함
- 가산점이 중복되는 경우 다음과 같이 적용함
  - 취업지원대상자 가점과 의사상자 등 가점 → 1개만 적용
  - 취업지원대상자/의사상자 등 가점과 자격증 가산점 → 각각 적용
  - 응시직렬 가산 자격증이 두 개 이상 → 본인에게 유리한 것 1개만 가산

영역별 출제경향

*2023~2006년도 18개년 기준

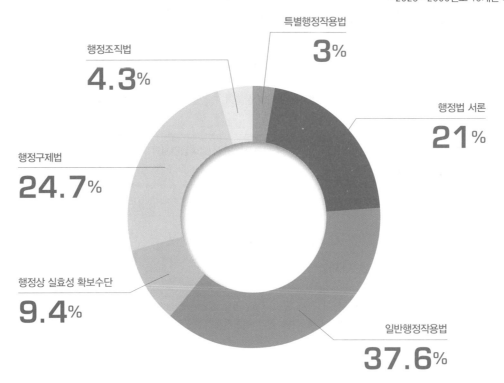

특별행정작용법
3%

행정조직법
4.3%

행정법 서론
21%

행정구제법
24.7%

행정상 실효성 확보수단
9.4%

일반행정작용법
37.6%

'길어진 문장'의 보편화

군무원 행정법 시험은 9급 공무원 행정법총론의 선지보다 대체적으로 길고, 난도도 낮지 않다. 그러나 영역별 출제비중은 9급 공무원 시험과 크게 다르지 않으며, 각 단원의 핵심 내용에 대한 출제도 유사하다. 기존에는 지엽적이고 생소한 개념을 묻는 문항이 간간이 출제되기도 하였으나 그러한 유형의 문항은 크게 줄었고, 7급 군무원의 문제도 초기와 달리 명확해졌다. 즉, 주요 단원의 본질적 개념과 판례에 대한 출제가 주를 이루고 있다. 9급 군무원의 경우 각론 단원에서 1문항 정도가 출제되기도 한다. 반면, 7급 군무원의 경우 각론 단원에서 4문항 이상이 출제되고 주요 법령에 대한 문항 수가 훨씬 많다. 따라서 총론 각 단원의 주된 흐름과 개념 및 관련 판례를 강도 높게 학습하고, 출제빈도가 높은 각론의 개념, 법령, 판례에 대한 학습이 필요하다.

영역별 학습전략

행정법 서론

빈출키워드 ▶ 통치행위, 행정법의 일반원칙, 특별권력관계, 공사법 구분, 법치행정, 행정주체, 사인의 공법행위, 공법관계

행정법의 기초 영역이다. 어려운 영역은 아니지만 다른 공무원 시험과 달리 군무원 시험에서는 출제비중이 상대적으로 높다. 그중 통치행위와 행정법의 일반원칙과 공·사법 구분 내용은 거의 매년 출제되고 있다. 행정법의 일반원칙은 법리를 이해하는 것이 필요하고, 공·사법 구분은 암기가 필요하다.

일반행정 작용법

빈출키워드 ▶ 행정행위의 내용, 행정행위의 효력, 행정지도, 행정계획, 정보공개, 취소와 철회, 법규명령, 부관, 하자승계, 기속과 재량, 행정기본법과 행정절차법

행정법의 핵심인 행정행위가 포함된 영역이다. 행정행위에서는 3문항 이상이 출제된다(기속과 재량, 행정행위의 내용, 부관, 하자, 취소와 철회 등). 또한 최근 정부가 중요시 하고 있는 정보공개제도 역시 출제빈도가 높아지고 있다. 따라서, 핵심적인 개념뿐만 아니라 관련된 판례들도 숙지하여야 한다.

행정상 실효성 확보수단

빈출키워드 ▶ 행정대집행, 행정질서벌

행정강제에서의 행정대집행은 거의 매년 출제된다. 관련된 개념뿐만 아니라 최신판례의 암기가 필요하다. 이 영역에는 법령을 읽어야 할 부분이 있는데, 「행정조사기본법」, 「질서위반행위규제법」이 번갈아 가며 출제되고 있으므로 천천히 자주 읽어보며 익혀두어야 한다.

행정구제법

빈출키워드 ▶ 행정소송, 행정심판, 손해배상, 처분절차, 국가배상, 손실보상

수험생들이 가장 어려워하는 영역이며, 일반행정작용법 다음으로 출제빈도가 높은 편이다. 「행정절차법」상의 처분절차, 「국가배상법」상의 공무원, 손실보상에서의 경계이론과 분리이론, 보상절차, 심판법과 소송법상의 청구요건, 판결의 효력 등이 자주 출제된다. 또한 「행정심판법」상의 간접강제와 관련해서는 빈틈없는 학습이 필요하다.

행정조직법

빈출키워드 ▶ 국가공무원법, 지방자치

각론에 해당하는 영역이라 총론에 비해 출제빈도는 낮다. 그러나 위임과 내부위임, 대리에서의 행정소송의 피고는 반드시 숙지하여야 하고, 공무원의 신분에서 공무원의 의무와 징계종류도 암기하여야 한다. 지방자치 단원은 행정직 군무원을 준비하는 수험생들에게는 행정학과 중복되는 단원이므로 별도의 준비를 요하지는 않는다.

특별행정 작용법

빈출키워드 ▶ 공물법

이 영역 역시 각론에 해당하는 영역이다. 특별행정작용법이 여러 단원으로 구성되어 있으나, 군무원 시험에서 경찰행정, 규제행정 등은 거의 출제되지 않는다. 반면, 공물법상 공물의 성립과 소멸, 공물의 특성을 반드시 학습하여야 한다. 또한, 군사행정은 군무원 시험 특성상 출제되기도 하는데, 「병역법」의 기초적인 것이 출제될 수 있다. 따라서, 법의 주요 제목들을 읽어두어야 한다.

구성과 특징

기출문제편

분석해설편

❶ 18개년 연도별 기출문제 수록

최신 기출을 포함한 2023~2006년도 18개년 기출문제를 수록하였습니다.

※ 2019~2006년도 시험은 기출문제를 복원하여 수록함

❷ 회독 체크표

연도별 3회독 체크표로 회독의 효과를 높일 수 있습니다.

❸ 1초 합격예측 서비스

회차마다 수록된 QR코드를 스캔하여 모바일 OMR에 정답을 입력한 후, 성적결과분석으로 자신의 위치와 취약점을 확인할 수 있습니다. (자세한 활용 GUIDE는 교재 앞쪽에 수록된 광고 p.4 참고)

❶ 연도별 기출분석

상세한 기출분석으로 기출경향을 파악할 수 있으며, 개념 카테고리와 정답률, 출제수를 통해 연도별 고난도 문항 및 지엽적 문항을 한눈에 확인할 수 있습니다.

❷ 문항별 정답률&선택률

모든 문항의 정답률과 선지별 선택률을 수록하고, 정답률이 낮은 고난도 TOP 3 문항을 표시하여 회독 시 고난도 문항 위주로 복습할 수 있도록 하였습니다.

❸ 군무원 vs. 공무원 비교분석

공무원 병행 준비생 주목! 해당 문항이 공무원 시험에서는 어떻게 출제되는지 그 차이점과 공통점을 비교분석하였습니다.

무료 합격팩

암기 워크북 & 오답노트(PDF)

암기 워크북을 통해 개념별 핵심 선지 및 주요 법령을 언제
어디서든 학습할 수 있고, 오답노트를 통해 틀린 문제를 확
실하게 점검할 수 있습니다.

3회독 플래너 & 점수체크표

회독 날짜와 점수를 한눈에 확인하여 효율적인 회독이 가능
합니다.

7급 2개년 기출(PDF)

교재에 수록된 회차를 모두 푼 후, 더 많은 문제를 풀고자
한다면 2021~2020 7급 기출을 추가로 풀어볼 수 있습니다.

※ 다운로드 방법: 에듀윌 도서몰(book.eduwill.net) 접속 → 도서자
  료실 → 부가학습자료에서 다운로드 또는 위 QR코드를 통해 바
  로 접속

OMR 카드 & 빠른 정답표

특수 OMR 카드를 통해 실전처럼 문제풀이 연습을 할 수 있
고, 빠른 정답표를 통해 빠르게 채점할 수 있습니다.

최신 3개년 무료 해설강의

- 9급 군무원 주요과목의 최신 3개년 무료 해설강의
- 수강방법: 에듀윌 도서몰(book.eduwill.net) 접속 → 동영상강의실 → 공무원 → [해설특강] 군무원 기출문제집
  행정법 → 수강 또는 좌측 QR코드를 통해 바로 접속

차 례

PART

01

9급 군무원 행정법

2023
2023.07.15. 국방부(육·해·공군) 시행
⏱ 적정시간 19분

월 일	월 일	월 일
시작 :	시작 :	시작 :
종료 :	종료 :	종료 :
점수	점수	점수

9급 군무원 행정법

01

「행정기본법」상 행정의 법 원칙에 대한 설명으로 옳지 않은 것은?

① 행정청은 행정작용을 할 때 상대방에게 해당 행정작용과 실질적인 관련이 없는 의무를 부과해서는 아니 된다.
② 행정청은 합리적 이유 없이 국민을 차별하여서는 아니 된다.
③ 행정청은 공익을 현저히 해칠 우려가 있는 경우라도 행정에 대한 국민의 정당하고 합리적인 신뢰를 보호하여야 한다.
④ 행정청은 법령 등에 따른 의무를 성실히 수행하여야 한다.

02

행정행위의 성립과 효력발생에 대한 설명으로 옳지 않은 것은? (다툼이 있는 경우 판례에 의함)

① 상대방 있는 행정처분이 상대방에게 고지되지 아니한 경우에도 상대방이 다른 경로를 통해 행정처분의 내용을 알게 되었다면 행정처분의 효력이 발생한다고 볼 수 있다.
② 일반적으로 행정처분이 주체·내용·절차와 형식이라는 내부적 성립요건과 외부에 대한 표시라는 외부적 성립요건을 모두 갖춘 경우에는 행정처분이 존재한다.
③ 법무부장관이 입국금지에 관한 정보를 내부전산망인 출입국관리정보시스템에 입력한 것만으로는 법무부장관의 의사가 공식적인 방법으로 외부에 표시된 것이 아니어서 위 입국금지결정은 항고소송의 대상인 처분에 해당되지 않는다.
④ 행정처분의 외부적 성립은 행정의사가 외부에 표시되어 행정청이 자유롭게 취소·철회할 수 없는 구속을 받게 되는 시점을 확정하는 의미를 가진다.

03

부관에 대한 설명으로 옳은 것은? (다툼이 있는 경우 판례에 의함)

① 행정청은 부관을 붙일 수 있는 처분의 경우 일단 그 처분을 한 후에는 당사자의 동의가 있더라도 부관을 새로 붙일 수 없다.
② 행정청은 처분에 재량이 있는 경우에도 법률에 근거가 있어야만 부관을 붙일 수 있다.
③ 철회권의 유보는 해당 처분의 목적을 달성하기 위하여 필요한 최소한의 범위여야 한다.
④ 부담은 행정행위의 불가분적인 요소로서 부담 그 자체를 행정쟁송의 대상으로 할 수 없다.

04

기속행위와 재량행위에 대한 설명으로 옳지 않은 것은? (다툼이 있는 경우 판례에 의함)

① 기속행위와 재량행위의 구분은 당해 행위의 근거가 된 법규의 체재·형식과 그 문언, 당해 행위가 속하는 행정분야의 주된 목적과 특성, 당해 행위 자체의 개별적 성질과 유형 등을 모두 고려하여 판단하여야 한다.
② 처분의 근거 법령이 행정청에 재량을 부여하였으나 행정청이 처분으로 달성하려는 공익과 처분상대방이 입게 되는 불이익을 전혀 비교형량하지 않은 채 처분을 하였더라도 재량권 일탈·남용으로 해당 처분을 취소해야 할 위법사유가 되지는 않는다.
③ 행정청은 처분에 재량이 없는 경우에는 법률에 근거가 있는 경우에 부관을 붙일 수 있다.
④ 재량행위의 경우 법원은 독자의 결론을 도출함이 없이 당해 행위에 재량권의 일탈·남용이 있는지 여부만을 심사한다.

05

행정상 손해배상에 대한 설명으로 옳지 <u>않은</u> 것은? (다툼이 있는 경우 판례에 의함)

① 「국가배상법」이 정한 손해배상청구의 요건인 '공무원의 직무'에는 국가나 지방자치단체의 권력적 작용뿐만 아니라 비권력적 작용으로서 단순한 사경제의 주체로서 하는 작용도 포함된다.

② 「국가배상법」 제5조 제1항에 정하여진 '영조물의 설치 또는 관리의 하자' 요건에서 안전성을 갖추지 못한 상태의 의미에는 그 영조물이 공공의 목적에 이용됨에 있어 그 이용상태 및 정도가 일정한 한도를 초과하여 제3자에게 사회통념상 수인할 것이 기대되는 한도를 넘는 피해를 입히는 경우까지 포함된다.

③ 외국인이 피해자인 경우에는 해당 국가와 상호보증이 있을 때에만 「국가배상법」이 적용되는데, 이때 상호보증의 요건 구비를 위해 반드시 당사국과의 조약이 체결되어 있을 필요는 없다.

④ 「국가배상법」에 따른 손해배상의 소송은 배상심의회에 배상신청을 하지 아니하고도 제기할 수 있다.

06

「공공기관의 정보공개에 관한 법률」상 정보공개제도에 대한 설명으로 옳은 것은? (다툼이 있는 경우 판례에 의함)

① 정보의 공개 및 우송에 드는 비용은 모두 정보공개 의무가 있는 공공기관이 부담한다.

② 사립대학교는 정보공개를 할 의무가 있는 공공기관에 해당하지 않는다.

③ 정보공개청구의 대상이 되는 정보를 공공기관이 보유·관리하고 있다는 점에 관하여는 정보공개를 구하는 사람에게 증명책임이 있다.

④ 국내에 사무소를 두고 있는 외국법인 또는 외국단체는 학술·연구를 위한 목적으로만 정보공개를 청구할 수 있다.

07

행정상 손실보상에 대한 설명으로 옳지 <u>않은</u> 것은? (다툼이 있는 경우 판례에 의함)

① 잔여지 수용청구를 받아들이지 않은 토지수용위원회의 재결에 대하여 토지소유자가 불복하여 제기하는 소송은 보상금의 증액에 관한 소송에 해당하여 사업시행자를 피고로 하여야 한다.

② 수용재결에 불복하여 취소소송을 제기하는 때에는 이의신청을 거친 경우에도 수용재결을 한 중앙토지수용위원회 또는 지방토지수용위원회를 피고로 하여 수용재결의 취소를 구하여야 한다.

③ 「공익사업을 위한 토지 등의 취득 및 보상에 관한 법률」에 의한 보상금 증감에 관한 소송은 수용재결서를 받은 날부터 90일 이내에, 이의신청을 거쳤을 때에는 이의신청에 대한 재결서를 받은 날부터 60일 이내에 각각 행정소송을 제기할 수 있다.

④ 「공익사업을 위한 토지 등의 취득 및 보상에 관한 법률」에 의한 사업인정의 고시 절차를 누락한 것을 이유로 수용재결처분의 취소를 구할 수 있다.

08

공법관계와 사법관계에 관한 판례의 내용으로 옳지 <u>않은</u> 것은?

① 서울특별시 지하철공사의 사장이 소속 직원에게 한 징계처분에 대한 불복절차는 민사소송에 의하여야 한다.

② 공기업·준정부기관이 계약에 근거한 권리행사로서 입찰참가자격 제한 조치를 하였더라도 입찰참가자격 제한 조치는 행정처분이다.

③ 국유재산 등의 관리청이 하는 행정재산의 사용·수익에 대한 허가는 관리청이 특정인에게 행정재산을 사용할 수 있는 권리를 설정하여 주는 강학상 특허로서 공법관계이다.

④ 기부자가 기부채납한 부동산을 일정기간 무상사용한 후에 한 사용허가기간 연장신청을 거부한 지방자치단체의 장의 행위는 사법상의 행위이다.

09

대법원 판례의 내용으로 옳지 <u>않은</u> 것은?

① 기업의 비업무용 부동산 보유실태에 관한 감사원의 감사보고서의 내용은 직무상 비밀에 해당하지 않는다.

② 같은 정도의 비위를 저지른 자들 사이에 있어서 그 직무의 특성 등에 비추어, 개전의 정이 있는지 여부에 따라 징계의 종류의 선택과 양정에 있어서 차별적으로 취급하는 것은, 자의적 취급이라고 할 수 있어서 평등원칙 내지 형평에 반한다.

③ 「국가공무원법」상 '직무상 비밀'이라 함은 국가 공무의 민주적·능률적 운영을 확보하여야 한다는 이념에 비추어 볼 때 당해 사실이 일반에 알려질 경우 그러한 행정의 목적을 해할 우려가 있는지 여부를 기준으로 판단하여야 한다.

④ 수개의 징계사유 중 일부가 인정되지 않더라도 인정되는 다른 징계사유만으로도 당해 징계처분의 타당성을 인정하기에 충분한 경우에는 그 징계처분을 유지하여도 위법하지 아니하다.

10

재건축·재개발사업에 대한 내용으로 옳지 <u>않은</u> 것은? (다툼이 있는 경우 판례에 의함)

① 이전고시의 효력이 발생한 이후에는 조합원 등이 해당 정비사업을 위하여 이루어진 수용재결이나 이의재결의 취소 또는 무효확인을 구할 법률상 이익이 없다.

② 「도시 및 주거환경정비법」 등 관련 법령에 의한 조합설립인가처분이 있은 후에 조합설립결의의 하자를 이유로 그 결의 부분만을 따로 떼어내어 무효 등 확인의 소를 제기하는 것이 허용되지 않는다.

③ 「도시 및 주거환경정비법」에 따른 이전고시는 공법상 처분이다.

④ 「도시 및 주거환경정비법」상 조합설립추진위원회 구성승인처분을 다투는 소송 계속 중 조합설립인가처분이 이루어진 경우에도 조합설립추진위원회 구성승인처분에 대하여 취소 또는 무효확인을 구할 법률상 이익이 있다.

11

다음 중 행정계획에 관한 설명으로 옳지 <u>않은</u> 것은? (다툼이 있는 경우 판례에 의함)

① 국립대학인 서울대학교의 '94학년도 대학입학고사 주요요강'은 행정계획이므로 헌법소원의 대상이 되는 공권력행사에 해당되지 않는다.

② 행정주체가 행정계획을 입안·결정하면서 이익형량을 전혀 행하지 않거나 이익형량의 고려 대상에 마땅히 포함시켜야 할 사항을 빠뜨린 경우 또는 이익형량을 하였으나 정당성과 객관성이 결여된 경우에는 행정계획결정은 형량에 하자가 있어 위법하게 된다.

③ 개발제한구역지정처분은 그 입안·결정에 관하여 광범위한 형성의 자유를 가지는 계획재량처분이다.

④ 「도시 및 주거환경정비법」에 따른 주택재건축정비사업조합이 행정주체의 지위에서 수립하는 관리처분계획은 구속적 행정계획으로서 주택재건축정비사업조합이 행하는 독립된 행정처분에 해당한다.

12

행정행위의 취소와 철회에 대한 설명으로 옳지 <u>않은</u> 것은? (다툼이 있는 경우 판례에 의함)

① 한 사람이 여러 종류의 자동차 운전면허를 취득하는 경우뿐 아니라 이를 취소함에 있어서도 서로 별개의 것으로 취급하는 것이 원칙이다.

② 당사자가 처분의 위법성을 중대한 과실로 알지 못한 경우에는 행정청은 당사자에게 이익을 부여하는 처분의 취소로 인하여 당사자가 입게 될 불이익을 취소로 달성되는 공익과 비교·형량하지 않아도 된다.

③ 행정청은 정당한 사유가 있는 경우에는 처분을 장래를 향하여 취소할 수 있다.

④ 처분청은 행정처분에 하자가 있는 경우에는 별도의 법적 근거가 있어야만 스스로 이를 취소할 수 있다.

13

행정지도에 대한 설명으로 옳지 <u>않은</u> 것은? (다툼이 있는 경우 판례에 의함)

① 행정지도를 하는 자는 그 상대방에게 그 행정지도의 취지 및 내용과 신분을 밝혀야 한다.

② 행정지도는 말로 이루어질 수 있다.

③ 행정기관은 행정지도의 상대방이 행정지도에 따르지 아니할 경우 그에 상응하는 불이익 조치를 할 수 있다.

④ 행정지도의 상대방은 해당 행정지도의 방식에 관하여 행정기관에 의견제출을 할 수 있다.

14

행정상 강제에 관한 설명으로 옳지 <u>않은</u> 것은? (다툼이 있는 경우 판례에 의함)

① 관계 법령상 행정대집행의 절차가 인정되어 행정청이 행정대집행의 방법으로 건물의 철거 등 대체적 작위의무의 이행을 실현할 수 있는 경우에는 따로 민사소송의 방법으로 그 의무의 이행을 구할 수 없다.

②「행정대집행법」에 따른 행정대집행에서 건물의 점유자가 철거의무자일 때에는 별도로 퇴거를 명하는 집행권원이 필요하다.

③「건축법」에 위반하여 건축한 것이어서 철거의무가 있는 건물이라 하더라도 그 철거의무를 대집행하기 위한 계고처분을 하려면 다른 방법으로는 이행의 확보가 어렵고 불이행을 방치함이 심히 공익을 해하는 것으로 인정될 때에 한하여 허용되고, 이러한 요건의 주장·입증책임은 처분 행정청에 있다.

④ 과세관청이 체납처분으로서 행하는 공매는 우월한 공권력의 행사로서 행정소송의 대상이 되는 공법상의 행정처분이며 공매에 의하여 재산을 매수한 자는 그 공매처분이 취소된 경우에 그 취소처분의 위법을 주장하여 행정소송을 제기할 법률상 이익이 있다.

15

행정상 법률관계에 관한 설명으로 옳지 <u>않은</u> 것은? (다툼이 있는 경우 판례에 의함)

① 국유재산의 관리청이 그 무단점유자에 대하여 하는 변상금부과처분은 순전히 사경제 주체로서 행하는 사법상의 법률행위라 할 수 없고, 이는 관리청이 공권력을 가진 우월적 지위에서 행한 것으로서 행정소송의 대상이 되는 행정처분이다.

② 국가나 지방자치단체에 근무하는 청원경찰은 「국가공무원법」이나 「지방공무원법」상의 공무원은 아니지만, 다른 청원경찰과는 달리 그 임용권자가 행정기관의 장이고, 국가나 지방자치단체로부터 보수를 받으므로, 그 근무관계는 사법상의 고용계약관계로 보기는 어려우므로 그에 대한 징계처분의 시정을 구하는 소는 행정소송의 대상이지 민사소송의 대상이 아니다.

③ 조세채무는 법률의 규정에 의하여 정해지는 법정채무로서 당사자가 그 내용 등을 임의로 정할 수 없고, 조세채무관계는 공법상의 법률관계이고 그에 관한 쟁송은 원칙적으로 행정사건으로서 「행정소송법」의 적용을 받는다.

④ 개발부담금 부과처분이 취소된 이상 그 후의 부당이득으로서의 과오납금 반환에 관한 법률관계는 단순한 민사관계라 볼 수 없고, 행정소송 절차에 따라야 하는 행정법 관계로 보아야 한다.

16

헌법재판소와 대법원 판례의 내용으로 옳지 않은 것은?

① 「감염병의 예방 및 관리에 관한 법률」 제71조에 의한 예방접종 피해에 대한 국가의 보상책임은 무과실책임이지만, 질병, 장애 또는 사망이 예방접종으로 발생하였다는 점이 인정되어야 한다.

② 당사자적격, 권리보호이익 등 소송요건은 직권조사사항으로서 당사자가 주장하지 아니하더라도 법원이 직권으로 조사하여 판단하여야 하고, 사실심 변론종결 이후에 소송요건이 흠결되거나 그 흠결이 치유된 경우 상고심에서도 이를 참작하여야 한다.

③ 법령이 특정한 행정기관 등으로 하여금 다른 행정기관을 상대로 제재적 조치를 취할 수 있도록 하면서, 그에 따르지 않으면 그 행정기관에 대하여 과태료를 부과하거나 형사처벌을 할 수 있도록 정하는 경우, 제재적 조치의 상대방인 행정기관 등에게 항고소송 원고로서의 당사자능력과 원고적격을 인정할 수 없다.

④ 원고가 「행정소송법」상 항고소송으로 제기해야 할 사건을 민사소송으로 잘못 제기한 경우에 수소법원이 그 항고소송에 대한 관할을 가지고 있지 아니하여 관할법원에 이송하는 결정을 하였고, 그 이송결정이 확정된 후 원고가 항고소송으로 소 변경을 하였다면, 그 항고소송에 대한 제소기간의 준수 여부는 원칙적으로 처음에 소를 제기한 때를 기준으로 판단하여야 한다.

17

행정절차에 관한 설명으로 옳지 않은 것은? (다툼이 있는 경우 판례에 의함)

① 「국가공무원법」상 직위해제처분은 당해 행정작용의 성질상 행정절차를 거치기 곤란하거나 불필요하다고 인정되는 사항 또는 행정절차에 준하는 절차를 거친 사항에 해당하지 않으므로, 처분의 사전통지 및 의견청취 등에 관한 「행정절차법」의 규정이 적용되어야 한다.

② 군인사법령에 의하여 진급예정자명단에 포함된 자에 대하여 의견제출의 기회를 부여하지 아니한 채 진급선발을 취소하는 처분을 한 것은 절차상 하자가 있어 위법하다고 할 것이다.

③ 행정청이 침해적 행정처분을 하면서 당사자에게 「행정절차법」상의 사전통지를 하거나 의견제출의 기회를 주지 않았다면, 사전통지를 하지 않거나 의견제출의 기회를 주지 않아도 되는 예외적인 경우에 해당하지 않는 한, 그 처분은 위법하여 취소를 면할 수 없다.

④ 행정기관이 소속 공무원이나 하급행정기관에 대하여 세부적인 업무처리절차나 법령의 해석·적용 기준을 정해주는 '행정규칙'은 상위법령의 구체적 위임이 있지 않는 한 조직 내부에서만 효력을 가질 뿐 대외적으로 국민이나 법원을 구속하는 효력이 없다.

18

다음 중 제3자의 원고적격에 관한 설명으로 옳지 않은 것은? (다툼이 있는 경우 판례에 의함)

① 행정처분의 직접 상대방이 아닌 제3자라도 당해 처분에 관하여 법률상 직접적이고 구체적인 이해관계를 가지는 경우에는 당해 처분 취소소송의 원고적격이 인정된다.

② 환경상 이익은 본질적으로 자연인에게 귀속되는 것으로서 단체는 환경상 이익의 침해를 이유로 행정소송을 제기할 수 없다.

③ 우리 「출입국관리법」의 해석상 외국인은 사증발급 거부처분의 취소를 구할 법률상 이익이 있다.

④ 처분 등에 의해 법률상 이익이 현저히 침해되는 경우뿐만 아니라 침해가 우려되는 경우에도 원고적격이 인정된다.

19

다음 중 공공의 영조물에 관한 설명으로 옳지 <u>않은</u> 것은? (다툼이 있는 경우 판례에 의함)

① 「도로교통법」 제3조 제1항에 의하여 특별시장·광역시장·제주특별자치도지사 또는 시장·군수의 권한으로 규정되어 있는 도로에서 경찰서장 등이 설치·관리하는 신호기의 하자로 인한 「국가배상법」 제5조 소정의 배상책임은 그 사무의 귀속 주체인 국가가 부담한다.

② 사실상 군민의 통행에 제공되고 있던 도로 옆의 암벽으로부터 떨어진 낙석에 맞아 사망하는 사고가 발생하였다고 하여도 동 사고지점 도로가 군에 의하여 노선인정 기타 공용개시가 없었으면 이를 영조물이라 할 수 없다.

③ 국가나 지방자치단체가 영조물의 설치·관리의 하자를 이유로 손해배상책임을 부담하는 경우 영조물의 설치·관리를 맡은 자와 그 비용부담자가 동일하지 아니하면 비용부담자도 손해배상책임이 있다.

④ 경찰서지서의 숙직실에서 순직한 경찰공무원의 유족들은 「국가배상법」 및 「민법」의 규정에 의한 손해배상을 청구할 권리가 있다.

20

다음 중 행정심판의 재결의 효력에 관한 설명으로 옳지 <u>않은</u> 것은? (다툼이 있는 경우 판례에 의함)

① 재결의 기속력은 인용재결의 효력이며 기각재결에는 인정되지 않는다.

② 재결이 확정된 경우에는 처분의 기초가 된 사실관계나 법률적 판단이 확정되고 당사자들이나 법원이 이에 기속되어 모순되는 주장이나 판단을 할 수 없게 된다.

③ 당해 처분에 관하여 위법한 것으로 재결에서 판단된 사유와 기본적 사실관계에 있어 동일성이 인정되는 사유를 내세워 다시 동일한 내용의 처분을 하는 것은 허용되지 않는다.

④ 형성력이 인정되는 재결로는 취소재결, 변경재결, 처분재결이 있다.

21

다음 중 「개인정보 보호법」에 관한 내용으로 옳지 <u>않은</u> 것은? (다툼이 있는 경우 판례에 의함)

① 개인정보처리자는 개인정보를 익명 또는 가명으로 처리하여도 개인정보 수집 목적을 달성할 수 있는 경우 익명처리가 가능한 경우에는 익명에 의하여, 익명처리로 목적을 달성할 수 없는 경우에는 가명에 의하여 처리될 수 있도록 하여야 한다.

② 개인정보처리자는 정보주체가 필요한 최소한의 정보 외의 개인정보 수집에 동의하지 아니한다는 이유로 정보주체에게 재화 또는 서비스의 제공을 거부할 수 있다.

③ 개인정보처리자는 공공기관이 법령 등에서 정하는 소관 업무의 수행을 위하여 불가피한 경우에는 개인정보를 수집할 수 있으며 그 수집 목적의 범위에서 이용할 수 있다.

④ 개인정보처리자는 보유기간의 경과, 개인정보의 처리 목적 달성, 가명정보의 처리기간 경과 등 그 개인정보가 불필요하게 되었을 때에는 지체 없이 그 개인정보를 파기하여야 한다. 다만, 다른 법령에 따라 보존하여야 하는 경우에는 그러하지 아니하다.

22

헌법재판소와 대법원 판례의 내용으로 옳지 <u>않은</u> 것은?

① 도축장 사용정지·제한명령은 공익 목적을 위하여 이미 형성된 구체적 재산권을 박탈하거나 제한하는 헌법 제23조 제3항의 수용·사용 또는 제한에 해당하는 것이 아니라, 도축장 소유자들이 수인하여야 할 사회적 제약으로서 헌법 제23조 제1항의 재산권의 내용과 한계에 해당한다.

② 토지수용위원회의 수용재결에 대한 이의절차는 실질적으로 행정심판의 성질을 갖는 것이므로 토지수용법에 특별한 규정이 있는 것을 제외하고는 「행정심판법」의 규정이 적용된다고 할 것이다.

③ 「공무원연금법」상 공무원연금급여 재심위원회에 대한 심사청구 제도는 사안의 전문성과 특수성을 살리기 위하여 특히 필요하여 「행정심판법」에 따른 일반행정심판을 갈음하는 특별한 행정불복절차, 즉 특별행정심판에 해당한다.

④ 당사자의 신청을 받아들이지 않은 거부처분이 재결에서 취소된 경우에 행정청은 종전 거부처분 또는 재결 후에 발생한 새로운 사유를 내세워 다시 거부처분을 할 수 없다.

23

다음 중 개인적 공권에 관한 설명으로 옳지 않은 것은? (다툼이 있는 경우 판례에 의함)

① 재량권이 영으로 수축하는 경우에는 무하자재량행사청구권은 행정개입청구권으로 전환되는 특성이 존재한다.

② 사회적 기본권의 성격을 가지는 연금수급권은 국가에 대하여 적극적으로 급부를 요하는 것이므로 헌법규정만으로는 이를 실현할 수 없고, 법률에 의한 형성을 필요로 한다.

③ 행정청에게 부여된 공권력 발동권한이 재량행위인 경우, 행정청의 권한행사에 이해관계가 있는 개인은 행정청에 대하여 무하자재량행사청구권을 가진다.

④ 환경부장관의 생태·자연도 등급결정으로 1등급 권역의 인근 주민들이 가지는 환경상 이익은 법률상 이익이다.

24

항고소송의 대상인 '처분'에 대한 설명으로 옳지 않은 것은? (다툼이 있는 경우 판례에 의함)

① 교육부장관이 대학에서 추천한 복수의 총장후보자들 전부 또는 일부를 임용제청에서 제외하는 행위는 제외된 후보자들에 대한 불이익처분으로서 항고소송의 대상이 되는 처분에 해당한다고 보아야 한다.

② 법령상 토사채취가 제한되지 않는 산림 내에서의 토사채취에 대하여 국토와 자연의 유지, 환경보전 등 중대한 공익상 필요를 이유로 그 허가를 거부하는 것은 재량권을 일탈·남용하여 위법한 처분이라 할 수 있다.

③ 대학이 복수의 후보자에 대하여 순위를 정하여 추천한 경우 교육부장관이 후순위 후보자를 임용제청했더라도 이로 인하여 헌법과 법률이 보장하는 대학의 자율성이 제한된다고는 볼 수 없다.

④ 절차상 또는 형식상 하자로 무효인 행정처분에 대하여 행정청이 적법한 절차 또는 형식을 갖추어 다시 동일한 행정처분을 하였다면, 종전의 무효인 행정처분에 대한 무효확인청구는 과거의 법률관계의 효력을 다투는 것에 불과하므로 무효확인을 구할 법률상 이익이 없다.

25

행정소송에 관한 설명으로 옳지 않은 것은? (다툼이 있는 경우 판례에 의함)

① 「공기업·준정부기관 계약사무규칙」에 따른 낙찰적격 세부기준은 국민의 권리의무에 영향을 미치므로 대외적 구속력이 인정된다.

② 지적공부 소관청의 지목변경신청 반려행위는 국민의 권리관계에 영향을 미치는 것으로서 항고소송의 대상이 되는 행정처분에 해당한다.

③ 건축물대장 소관청의 용도변경신청 거부행위는 국민의 권리관계에 영향을 미치는 것으로서 항고소송의 대상이 되는 행정처분에 해당한다.

④ 국가계약법상 감점조치는 계약 사무를 처리함에 있어 내부규정인 세부기준에 의하여 종합취득점수의 일부를 감점하게 된다는 뜻의 사법상의 효력을 가지는 통지행위에 불과하므로 항고소송의 대상이 되지 않는다.

빠른 정답표 ▶ 분석해설편 P.1
정답과 해설 ▶ 분석해설편 P.6

2022　2022.07.16. 국방부(육·해·공군) 시행　⏱ 적정시간 19분

월	일	월	일	월	일
시작	:	시작	:	시작	:
종료	:	종료	:	종료	:
점수		점수		점수	

9급 군무원 행정법

01

다음 중 행정법의 효력에 대한 설명으로 가장 옳지 않은 것은?

① 행정법령의 시행일을 정하지 않은 경우에는 공포한 날부터 20일이 경과함으로써 효력을 발생하는데, 이 경우 공포한 날을 첫날에 산입하지 아니하고 기간의 말일이 토요일 또는 공휴일인 때에는 그 말일의 다음 날로 기간이 만료한다.

② 법령을 소급적용하더라도 일반 국민의 이해에 직접 관계가 없는 경우, 오히려 그 이익을 증진하는 경우, 불이익이나 고통을 제거하는 경우 등의 특별한 사정이 있는 경우에 한하여 예외적으로 법령의 소급적용이 허용된다.

③ 신청에 따른 처분은 신청 후 법령이 개정된 경우라도 법령 등에 특별한 규정이 있거나 처분 당시의 법령을 적용하기 곤란한 특별한 사정이 있는 경우를 제외하고는 개정된 법령을 적용한다.

④ 법령상 허가를 받아야만 가능한 행위가 법령 개정으로 허가 없이 할 수 있게 되었다 하더라도 개정의 이유가 사정의 변천에 따른 규제 범위의 합리적 조정의 필요에 따른 것이라면 개정 전 허가를 받지 않고 한 행위에 대해 개정 전 법령에 따라 처벌할 수 있다.

02

다음 중 행정법의 법원에 대한 설명으로 가장 옳은 것은?

① 행정청 내부의 사무처리준칙이 제정·공표되었다면 이 자체만으로도 행정청은 자기구속을 받게 되므로 이 준칙에 위배되는 처분은 위법하게 된다.

② 헌법재판소의 위헌결정이 있다면 행정청이 개인에 대하여 공적인 견해를 표명한 것으로 볼 수 있으므로 위헌결정과 다른 행정청의 결정은 신뢰보호원칙에 반한다.

③ 부당결부금지의 원칙은 판례에 의해 확립된 행정의 법원칙으로 실정법상 명문의 규정은 없다.

④ 법령의 규정만으로 처분 요건의 의미가 분명하지 아니한 경우에 법원이나 헌법재판소의 분명한 판단이 있음에도 합리적 근거가 없이 사법적 판단과 어긋나게 행정처분을 한 경우에 명백한 하자가 있다고 봄이 타당하다.

03

다음 중 허가에 대한 설명으로 가장 옳지 않은 것은?

① 한의사 면허는 허가에 해당하고, 한약조제시험을 통해 약사에게 한약조제권을 인정함으로써 한의사들의 영업이익이 감소되었다고 하더라도 이는 법률상 이익 침해라고 할 수 없다.

② 건축허가는 기속행위이므로 「건축법」상 허가요건이 충족된 경우에는 항상 허가하여야 한다.

③ 허가신청 후 허가기준이 변경되었다 하더라도 그 허가관청이 허가신청을 수리하고도 정당한 이유 없이 그 처리를 늦추어 그 사이에 허가기준이 변경된 것이 아닌 이상 변경된 허가기준에 따라서 처분을 하여야 한다.

④ 석유판매업 등록은 대물적 허가의 성질을 가지고 있으므로, 종전 석유판매업자가 유사석유제품을 판매한 행위에 대해 승계인에게 사업정지 등 제재처분을 할 수 있다.

04

다음 중 처분의 사전통지에 대한 설명으로 가장 옳지 <u>않은</u> 것은?

① 고시 등에 의한 불특정 다수를 상대로 한 권익제한이나 의무부과의 경우 사전통지대상이 아니다.

② 수익적 처분의 신청에 대한 거부처분은 실질적으로 침익적 처분에 해당하므로 사전통지대상이 된다.

③ 「행정절차법」은 처분의 직접 상대방 외에 신청에 따라 행정절차에 참여한 이해관계인도 사전통지의 대상인 당사자에 포함시키고 있다.

④ 공무원의 정규임용처분을 취소하는 처분은 사전통지를 하지 않아도 되는 예외적인 경우에 해당하지 않는다.

05

다음 중 취소소송과 무효확인소송의 관계에 대한 설명으로 가장 옳지 <u>않은</u> 것은?

① 행정처분에 대한 취소소송과 무효확인소송은 단순 병합이나 선택적 병합의 방식으로 제기할 수 있다.

② 무효선언을 구하는 취소소송이라도 형식이 취소소송이므로 제소요건을 갖추어야 한다.

③ 무효확인을 구하는 소에는 당사자가 명시적으로 취소를 구하지 않는다고 밝히지 않는 한 취소를 구하는 취지가 포함되었다고 보아서 취소소송의 요건을 갖추었다면 취소판결을 할 수 있다.

④ 취소소송의 기각판결의 기판력은 무효확인소송에 미친다.

06

다음 중 판결의 효력에 대한 설명으로 가장 옳지 <u>않은</u> 것은?

① 취소판결 자체의 효력으로써 그 행정처분을 기초로 하여 새로 형성된 제3자의 권리까지 당연히 그 행정처분 전의 상태로 환원되는 것이라고는 할 수 없다.

② 처분의 취소를 구하는 청구에 대한 기각판결은 기판력이 발생하지 않는다.

③ 취소판결이 확정된 경우 행정청은 종전 처분과 다른 사유로 다시 처분할 수 있고, 이 경우 그 다른 사유가 종전 처분 당시 이미 존재하고 있었고 당사자가 이를 알고 있었다 하더라도 확정판결의 기속력에 저촉되지 않는다.

④ 거부처분에 대한 취소판결이 확정된 후 법령이 개정된 경우 개정된 법령에 따라 다시 거부처분을 하여도 기속력에 반하지 아니하다.

07

다음 중 행정심판에 대한 설명으로 가장 옳지 <u>않은</u> 것은?

① 처분청이 처분을 통지할 때 행정심판을 제기할 수 있다는 사실과 기타 청구절차 및 청구기간 등에 대한 고지를 하지 않았다고 하여 처분에 하자가 있다고 할 수 없다.

② 행정심판청구서가 피청구인에게 접수된 경우, 피청구인은 심판청구가 이유 있다고 인정하면 직권으로 처분을 취소할 수 있다.

③ 수익적 처분의 거부처분이나 부작위에 대해 임시적 지위를 인정할 필요가 있어서 인정한 제도는 임시처분이다.

④ 의무이행심판에서 이행을 명하는 재결이 있음에도 불구하고 처분청이 이를 이행하지 아니할 때 위원회가 직접처분을 할 수 있는데, 행정심판의 재결은 처분청을 기속하므로 지방자치단체는 직접처분에 대해 행정심판위원회가 속한 국가기관을 상대로 권한쟁의심판을 청구할 수 없다.

08

다음 중 영조물의 설치·관리상 하자로 인한 손해배상에 대한 설명으로 가장 옳지 <u>않은</u> 것은?

① 공공의 영조물은 사물(私物)이 아닌 공물(公物)이어야 하지만, 공유나 사유임을 불문하고 행정주체에 의하여 특정 공공의 목적에 공여된 유체물이면 족하다.

② 도로의 설치 및 관리에 있어 완전무결한 상태를 유지할 정도의 고도의 안전성을 갖추지 아니하였다고 하여 하자가 있다고 단정할 수는 없고, 그것을 이용하는 자의 상식적이고 질서 있는 이용방법을 기대한 상대적인 안전성을 갖추는 것으로 족하다.

③ 하천의 홍수위가 「하천법」상 관련 규정이나 하천정비계획 등에서 정한 홍수위를 충족하고 있다고 해도 하천이 범람하거나 유량을 지탱하지 못해 제방이 무너지는 경우는 안전성을 결여한 것으로 하자가 있다고 본다.

④ 공군에 속한 군인이나 군무원의 경우 일반인에 비하여 공군비행장 주변의 항공기 소음 피해에 관하여 잘 인식하거나 인식할 수 있는 지위에 있다는 이유만으로 가해자가 면책되거나 손해배상액이 감액되지는 않는다.

09

통치행위에 관한 판례의 내용으로 가장 옳지 <u>않은</u> 것은?

① 외국에의 국군의 파견결정과 같이 성격상 외교 및 국방에 관련된 고도의 정치적 결단이 요구되는 사안에 대한 국민의 대의기관의 결정이 사법심사의 대상이 되지 아니한다.

② 선고된 형의 전부를 사면할 것인지 또는 일부만을 사면할 것인지를 결정하는 것은 사면권자의 전권사항에 속하는 것이고, 징역형의 집행유예에 대한 사면이 병과된 벌금형에도 미치는 것으로 볼 것인지 여부는 사면의 내용에 대한 해석문제에 불과하다.

③ 남북정상회담의 개최과정에서 재정경제부장관에게 신고하지 아니하거나 통일부장관의 협력사업 승인을 얻지 아니한 채 북한 측에 사업권의 대가 명목으로 송금한 행위는 사법심사의 대상이 되지 아니한다.

④ 비록 서훈취소가 대통령이 국가원수로서 행하는 행위라고 하더라도 법원이 사법심사를 자제하여야 할 고도의 정치성을 띤 행위라고 볼 수는 없다.

10

행정행위의 효력에 대한 설명으로 가장 옳지 <u>않은</u> 것은? (단, 다툼이 있는 경우 판례에 의함)

① 일반적으로 행정처분이나 행정심판재결이 불복기간의 경과로 확정될 경우에는 그 처분의 기초가 된 사실관계나 법률적 판단이 확정되고 당사자들이나 법원이 이에 기속되어 모순되는 주장이나 판단을 할 수 없게 된다.

② 제소기간이 이미 도과하여 불가쟁력이 생긴 행정처분에 대하여는 개별 법규에서 그 변경을 요구할 신청권을 규정하고 있거나 관계 법령의 해석상 그러한 신청권이 인정될 수 있는 등 특별한 사정이 없는 한 국민에게 그 행정처분의 변경을 구할 신청권이 있다 할 수 없다.

③ 불가쟁력이 발생한 행정행위로 손해를 입은 국민은 그 위법성을 들어 국가배상청구를 할 수 있다.

④ '불가변력'이라 함은 행정행위를 한 행정청이 당해 행정행위를 직권으로 취소 또는 변경할 수 없게 하는 힘으로 실질적 확정력 또는 실체적 존속력이라고도 한다.

11

부관에 대한 판례의 내용으로 가장 옳지 <u>않은</u> 것은?

① 재량행위에 있어서는 관계 법령에 명시적인 금지규정이 없는 한 행정목적을 달성하기 위하여 조건이나 기한, 부담 등의 부관을 붙일 수 있다.

② 토지소유자가 토지형질변경행위허가에 붙은 기부채납의 부관에 따라 토지를 국가나 지방자치단체에 기부채납(증여)한 경우, 토지소유자는 원칙적으로 기부채납(증여)의 중요부분에 착오가 있음을 이유로 증여계약을 취소할 수 있다.

③ 당초에 붙인 기한을 허가 자체의 존속기간이 아니라 허가조건의 존속기간으로 보더라도 그 후 당초의 기한이 상당 기간 연장되어 연장된 기간을 포함한 존속기간 전체를 기준으로 볼 경우 더이상 허가된 사업의 성질상 부당하게 짧은 경우에 해당하지 않게 된 때에는 재량권의 행사로서 더이상의 기간연장을 불허가할 수도 있다.

④ 일반적으로 행정처분에 효력기간이 정하여져 있는 경우에는 그 기간의 경과로 그 행정처분의 효력은 상실되며, 다만 허가에 붙은 기한이 그 허가된 사업의 성질상 부당하게 짧은 경우에는 이를 그 허가 자체의 존속기간이 아니라 그 허가조건의 존속기간으로 볼 수 있다.

12

행정계획에 관한 판례의 내용으로 가장 옳지 <u>않은</u> 것은?

① 관계 법령에는 추상적인 행정목표와 절차만이 규정되어 있을 뿐 행정계획의 내용에 관하여는 별다른 규정을 두고 있지 아니하므로 행정주체는 구체적인 행정계획을 입안·결정함에 있어서 비교적 광범위한 형성의 자유를 가진다.

② 행정주체가 가지는 이와 같은 형성의 자유는 무제한적인 것이 아니라 그 행정계획에 관련되는 자들의 이익을 공익과 사익 사이에서는 물론이고 공익 상호간과 사익 상호간에도 정당하게 비교교량하여야 한다는 제한이 있다.

③ 판례에 따르면, 행정계획에 있어서 형량의 부존재, 형량의 누락, 평가의 과오 및 형량의 불비례 등 형량의 하자 별로 위법의 판단기준을 달리하여 개별화하여 판단하고 있다.

④ 이미 고시된 실시계획에 포함된 상세계획으로 관리되는 토지 위의 건물의 용도를 상세계획 승인권자의 변경승인 없이 임의로 판매시설에서 상세계획에 반하는 일반목욕장으로 변경한 사안에서, 그 영업신고를 수리하지 않고 영업소를 폐쇄한 처분은 적법하다고 한 판례가 있다.

13

다음 중 취소소송의 대상이 되는 처분에 해당하는 것으로 옳은 것은 모두 몇 개인가?

> ㄱ. 한국마사회의 조교사나 기수에 대한 면허취소·정지
> ㄴ. 법규성 있는 고시가 집행행위 매개 없이 그 자체로서 이해당사자의 법률관계를 직접 규율하는 경우
> ㄷ. 행정계획변경신청의 거부가 장차 일정한 처분에 대한 신청을 구할 법률상 이익이 있는 자의 처분 자체를 실질적으로 거부하는 경우
> ㄹ. 「국가공무원법」상 당연퇴직의 인사발령

① 0개 ② 1개
③ 2개 ④ 3개

14

행정입법부작위에 대한 설명으로 가장 옳지 <u>않은</u> 것은? (단, 다툼이 있는 경우 판례에 의함)

① 현행법상 행정권의 시행명령 제정의무를 규정하는 명시적인 법률규정은 없다.

② 삼권분립의 원칙, 법치행정의 원칙을 당연한 전제로 하고 있는 우리 헌법하에서 행정권의 행정입법 등 법집행 의무는 헌법적 의무라고 보아야 한다.

③ 행정입법의 부작위가 위헌·위법이라고 하기 위하여는 행정청에게 행정입법을 하여야 할 작위의무를 전제로 하는 것이나, 그 작위의무가 인정되기 위하여는 행정입법의 제정이 법률의 집행에 필수불가결한 것일 필요는 없다.

④ 부작위법확인소송의 대상이 될 수 있는 것은 구체적 권리의무에 관한 분쟁이어야 하고, 추상적인 법령에 관하여 제정의 여부 등은 그 자체로서 국민의 구체적인 권리의무에 직접적 변동을 초래하는 것이 아니어서 행정소송의 대상이 될 수 없다.

15

판례에 따르면 공법상 당사자소송과 가장 옳지 <u>않은</u> 것은?

① 조세부과처분의 당연무효를 전제로 하여 이미 납부한 세금의 반환청구

② 재개발조합을 상대로 조합원자격 유무에 관한 확인을 구하는 소송

③ 사업주가 당연가입자가 되는 고용보험 및 산재보험에서 보험료 납부의무 부존재확인소송

④ 한국전력공사가 한국방송공사로부터 수신료의 징수업무를 위탁받아 자신의 고유업무와 관련된 고지행위와 결합하여 수신료를 징수할 권한이 있는지 여부를 다투는 쟁송

16

「행정소송법」의 규정 내용으로 가장 옳지 <u>않은</u> 것은?

① 법원은 소송의 결과에 따라 권리 또는 이익의 침해를 받을 제3자가 있는 경우에는 당사자 또는 제3자의 신청 또는 직권에 의하여 결정으로써 그 제3자를 소송에 참가시킬 수 있다.

② 법원은 다른 행정청을 소송에 참가시킬 필요가 있다고 인정할 때에는 당사자 또는 당해 행정청의 신청 또는 직권에 의하여 결정으로써 그 행정청을 소송에 참가시킬 수 있다.

③ 법원이 제3자의 소송참가와 행정청의 소송참가에 관한 결정을 하는 경우에는 각각 당사자 및 제3자의 의견, 당사자와 및 당해 행정청의 의견을 들어야 한다.

④ 법원은 취소소송을 당해 처분 등에 관계되는 사무가 귀속하는 국가 또는 공공단체에 대한 당사자소송 또는 취소소송 외의 항고소송으로 변경하는 것이 상당하다고 인정할 때에는 청구의 기초에 변경이 없는 한 사실심의 변론종결시까지 원고의 신청 또는 직권에 의하여 결정으로써 소의 변경을 허가할 수 있다.

17

판례에 따르면, 처분사유의 추가·변경시 기본적 사실관계 동일성을 긍정한 사례로 가장 적절한 것은?

① 석유판매업허가신청에 대하여, 주유소 건축예정 토지에 관하여 도시계획법령에 의거하여 행위제한을 추진하고 있다는 당초의 불허가처분 사유와 항고소송에서 주장한 위 신청이 토지형질변경허가의 요건 불비 및 도심의 환경보전의 공익상 필요라는 사유

② 석유판매업허가신청에 대하여, 관할 군부대장의 동의를 얻지 못하였다는 당초의 불허가 사유와 토지가 탄약창에 근접한 지점에 있어 공익적인 측면에서 보아 허가신청을 불허한 것은 적법하다는 사유

③ 온천으로서의 이용가치, 기존의 도시계획 및 공공사업에의 지장 여부 등을 고려하여 온천발견신고수리를 거부한 것은 적법하다는 사유와 규정온도가 미달되어 온천에 해당하지 않는다는 사유

④ 이주대책신청기간이나 소정의 이주대책실시(시행)기간을 모두 도과하여 이주대책을 신청할 권리가 없고, 사업시행자가 이를 받아들여 택지나 아파트공급을 해 줄 법률상 의무를 부담한다고 볼 수 없다는 사유와 사업지구 내 가옥 소유자가 아니라는 사유

18

다음 중 허가에 대한 설명으로 가장 옳지 <u>않은</u> 것은? (단, 다툼이 있는 경우 판례에 의함)

① 개정 전 허가기준의 존속에 관한 국민의 신뢰가 개정된 허가기준의 적용에 관한 공익상의 요구보다 더 보호가치가 있다고 인정되는 경우에는 그러한 국민의 신뢰를 보호하기 위하여 개정된 허가기준의 적용을 제한할 여지가 있다.

② 법령상의 산림훼손 금지 또는 제한 지역에 해당하지 아니하더라도 중대한 공익상의 필요가 있다고 인정되는 경우, 산림훼손허가신청을 거부할 수 있다.

③ 어업에 관한 허가의 경우 그 유효기간이 경과하면 그 허가의 효력이 당연히 소멸하지만, 유효기간의 만료 후라도 재차 허가를 받게 되면 그 허가기간이 갱신되어 종전의 어업허가의 효력 또는 성질이 계속된다.

④ 요허가행위를 허가를 받지 않고 행한 경우에는 행정법상 처벌의 대상이 되지만 당해 무허가행위의 법률상 효력이 당연히 부정되는 것은 아니다.

19

다음 중 행정행위의 철회에 대한 설명으로 가장 옳지 않은 것은? (단, 다툼이 있는 경우 판례에 의함)

① 부담부 행정처분에 있어서 처분의 상대방이 부담을 이행하지 아니한 경우에 처분행정청으로서는 이를 들어 당해 처분을 철회할 수 있다.

② 외형상 하나의 행정처분이라 하더라도 가분성이 있거나 그 처분대상의 일부가 특정될 수 있다면 그 일부만의 취소도 가능하고 그 일부의 취소는 당해 취소부분에 관하여 효력이 생긴다.

③ 행정행위의 철회는 적법요건을 구비하여 완전히 효력을 발하고 있는 행정행위를 사후적으로 효력을 장래에 향해 소멸시키는 별개의 행정처분이다.

④ 처분 후에 원래의 처분을 그대로 존속시킬 수 없게 된 사정변경이 생긴 경우 처분청은 처분을 철회할 수 있다고 할 것이므로, 이 경우 처분의 상대방에게 그 철회·변경을 요구할 권리는 당연히 인정된다고 할 것이다.

20

다음 중 이행강제금에 대한 설명으로 가장 옳지 않은 것은? (단, 다툼이 있는 경우 판례에 의함)

① 구 「건축법」상 이행강제금은 위반행위에 대하여 시정명령을 받은 후 시정기간 내에 당해 시정명령을 이행하지 아니한 건축주 등에 대하여 부과되는 간접강제의 일종으로서 금전제재의 성격을 가지므로 그 이행강제금 납부의무는 상속인 기타의 사람에게 승계될 수 있다.

② 행정청은 의무자가 행정상 의무를 이행할 때까지 이행강제금을 반복하여 부과할 수 있고, 의무자가 의무를 이행하면 새로운 이행강제금의 부과를 즉시 중지하되, 이미 부과한 이행강제금은 징수하여야 한다.

③ 장기 의무위반자가 이행강제금 부과 전에 그 의무를 이행하였다면 이행강제금의 부과로써 이행을 확보하고자 하는 목적은 이미 실현된 것이므로 이행강제금을 부과할 수 없다.

④ 이행강제금은 의무위반에 대하여 장래의 의무이행을 확보하는 수단이라는 점에서 과거의 의무위반에 대한 제재인 행정벌과 구별된다.

21

다음 중 행정상 손실보상에 대한 설명으로 가장 옳지 않은 것은? (단, 다툼이 있는 경우 판례에 의함)

① 「공익사업을 위한 토지 등의 취득 및 보상에 관한 법률 시행령」에서 이주대책의 대상자에서 세입자를 제외하고 있는 것이 세입자의 재산권을 침해하는 것이라 볼 수 없다.

② 공익사업으로 인하여 영업을 폐지하거나 휴업하는 자가 구 「공익사업을 위한 토지 등의 취득 및 보상에 관한 법률」에 규정된 재결절차를 거치지 않은 채 곧바로 사업시행자를 상대로 영업손실보상을 청구할 수 없다.

③ 사업시행자 스스로 공익사업의 원활한 시행을 위하여 생활대책을 수립·실시할 수 있도록 하는 내부규정을 두고 이에 따라 생활대책대상자 선정기준을 마련하여 생활대책을 수립·실시하는 경우, 생활대책대상자 선정기준에 해당하는 자기 자신을 생활대책대상자에서 제외하거나 선정을 거부한 사업시행자를 상대로 항고소송을 제기할 수 있다.

④ 보상청구권이 성립하기 위해서는 재산권에 대한 법적인 행위로서 공행정작용에 의한 침해를 말하고 사실행위는 포함되지 않는다.

22

다음 중 행정심판의 재결에 대한 설명으로 가장 옳지 <u>않은</u> 것은? (단, 다툼이 있는 경우 판례에 의함)

① 조세부과처분이 국세청장에 대한 불복심사청구에 의하여 그 불복사유가 이유 있다고 인정되어 취소되었음에도 처분청이 동일한 사실에 관하여 부과처분을 되풀이한 것이라면 설령 그 부과처분이 감사원의 시정요구에 의한 것이라 하더라도 위법하다.

② 행정심판위원회는 의무이행재결이 있는 경우에 피청구인이 처분을 하지 아니한 경우에는 당사자의 신청 또는 직권으로 기간을 정하여 시정을 명하고 그 기간에 이행하지 아니하면 직접 처분을 할 수 있다.

③ 행정심판의 재결이 확정된 경우에도 처분의 기초가 된 사실관계나 법률적 판단이 확정되고 당사자들이나 법원이 이에 기속되어 모순되는 주장이나 판단을 할 수 없게 되는 것은 아니다.

④ 처분 취소재결이 있는 경우 당해 처분청은 재결의 취지에 반하지 아니하는 한 그 재결에 적시된 위법사유를 시정·보완하여 새로운 처분을 할 수 있는 것이고, 이러한 새로운 부과처분은 재결의 기속력에 저촉되지 아니한다.

23

X시의 공무원 甲은 乙이 건축한 건물이 건축허가에 위반하였다는 이유로 철거명령과 「행정대집행법」상의 절차를 거쳐 대집행을 완료하였다. 乙은 행정대집행의 처분들이 하자가 있다는 이유로 행정소송 및 손해배상소송을 제기하려고 한다. 다음 중 설명으로 가장 옳지 <u>않은</u> 것은? (단, 다툼이 있는 경우 판례에 의함)

① 乙이 취소소송을 제기하는 경우, 행정대집행이 이미 완료된 것이므로 소의 이익이 없어 각하판결을 받을 것이다.

② 乙이 손해배상소송을 제기하는 경우, 민사법원은 그 행정처분이 위법인지 여부는 심사할 수 없다.

③ 「행정소송법」은 처분 등의 효력 유무 또는 존재 여부가 민사소송의 선결문제로 되는 경우 당해 민사소송의 수소법원이 이를 심리·판단할 수 있는 것으로 규정하고 있다.

④ X시의 손해배상책임이 인정된다면 X시는 고의 또는 중대한 과실이 있는 甲에게 구상할 수 있다.

24

다음 중 취소소송에 대한 설명으로 가장 옳지 <u>않은</u> 것은? (단, 다툼이 있는 경우 판례에 의함)

① 제재적 행정처분의 효력이 제재기간 경과로 소멸하였더라도 관련 법규에서 제재적 행정처분을 받은 사실을 가중사유나 전제요건으로 삼아 장래의 제재적 행정처분을 하도록 정하고 있다면, 선행처분의 취소를 구할 법률상 이익이 있다.

② 행정처분의 취소소송 계속 중 처분청이 다툼의 대상이 되는 행정처분을 직권으로 취소하면 그 처분은 효력을 상실하여 더이상 존재하지 않는 것이므로 존재하지 않는 처분을 대상으로 한 항고소송은 원칙적으로 소의 이익이 소멸하여 부적법하다.

③ 고등학교 졸업이 대학입학 자격이나 학력인정으로서의 의미밖에 없다고 할 수 없으므로 고등학교졸업학력검정고시에 합격하였다 하여 고등학교 학생으로서의 신분과 명예가 회복될 수 없는 것이니 퇴학처분을 받은 자로서는 퇴학처분의 위법을 주장하여 그 취소를 구할 소송상의 이익이 있다.

④ 소송계속 중 해당 처분이 기간의 경과로 그 효과가 소멸하더라도 예외적으로 그 처분의 취소를 구할 소의 이익을 인정할 수 있는 '행정처분과 동일한 사유로 위법한 처분이 반복될 위험성이 있는 경우'란 해당 사건의 동일한 소송 당사자 사이에서 반복될 위험이 있는 경우만을 의미한다.

25

다음 중 「행정소송법」상 집행정지결정에 대한 설명으로 가장 옳지 <u>않은</u> 것은? (단, 다툼이 있는 경우 판례에 의함)

① 법원은 당사자의 신청 또는 직권에 의하여 처분 등의 효력이나 그 집행 또는 절차의 속행의 전부 또는 일부의 정지를 결정하거나 또는 집행정지의 취소를 결정할 수 있다.

② 집행정지결정은 속행정지, 집행정지, 효력정지로 구분되고 이 중 속행정지는 처분의 집행이나 효력을 정지함으로써 목적을 달성할 수 있는 경우에는 허용되지 아니한다.

③ 과징금납부명령의 처분이 사업자의 자금사정이나 경영 전반에 미치는 파급효과가 매우 중대하다는 이유로 인한 손해는 효력정지 내지 집행정지의 적극적 요건인 '회복하기 어려운 손해'에 해당한다.

④ 효력기간이 정해져 있는 제재적 행정처분에 대한 취소소송에서 법원이 본안소송의 판결선고시까지 집행정지결정을 하면, 처분에서 정해 둔 효력기간은 판결선고시까지 진행하지 않다가 판결이 선고되면 그때 집행정지결정의 효력이 소멸함과 동시에 처분의 효력이 당연히 부활하여 처분에서 정한 효력기간이 다시 진행한다.

빠른 정답표 ▶ 분석해설편 P.1
정답과 해설 ▶ 분석해설편 P.16

2021

2021.07.24. 국방부(육·해·공군) 시행

⏱ 적정시간 20분

월 일	월 일	월 일
시작 :	시작 :	시작 :
종료 :	종료 :	종료 :
점수	점수	점수

9급 군무원 행정법

01

사인의 공법행위에 대한 설명으로 옳지 <u>않은</u> 것은? (다툼이 있는 경우 판례에 의함)

① 국민이 어떤 신청을 한 경우에 그 신청의 근거가 된 조항의 해석상 행정발동에 대한 개인의 신청권을 인정하고 있다고 보이면 그 거부행위는 항고소송의 대상이 되는 처분으로 보아야 하고, 구체적으로 그 신청이 인용될 수 있는가 하는 점은 본안에서 판단하여야 할 사항이다.

② 민원사항의 신청서류에 실질적인 요건에 관한 흠이 있더라도 그것이 민원인의 단순한 착오나 일시적인 사정 등에 기한 경우에는 행정청은 보완을 요구할 수 있다.

③ 건축주 등은 건축신고가 반려될 경우 건축물의 건축을 개시하면 시정명령, 이행강제금, 벌금의 대상이 되거나 당해 건축물을 사용하여 행할 행위의 허가가 거부될 우려가 있어 불안정한 지위에 놓이게 되므로, 건축신고 반려행위는 항고소송의 대상성이 인정된다.

④ 「건축법」상의 건축신고가 다른 법률에서 정한 인가·허가 등의 의제효과를 수반하는 경우라도 특별한 사정이 없는 한 수리를 요하는 신고로 볼 수 없다.

02

평등원칙에 대한 설명으로 옳지 <u>않은</u> 것은? (다툼이 있는 경우 판례에 의함)

① 국가기관이 채용시험에서 국가유공자의 가족에게 10%의 가산점을 부여하는 규정은 평등권과 공무담임권을 침해한다.

② 평등원칙은 동일한 것 사이에서의 평등이므로 상이한 것에 대한 차별의 정도에서의 평등을 포함하지 않는다.

③ 재량준칙이 공표된 것만으로는 행정의 자기구속의 원칙이 적용될 수 없고, 재량준칙이 되풀이 시행되어 행정관행이 성립한 경우에 적용될 수 있다.

④ 행정의 자기구속의 원칙이 인정되는 경우에는 행정관행과 다른 처분은 특별한 사정이 없는 한 위법하다.

03

행정소송제도에 대한 설명으로 옳지 <u>않은</u> 것은?

① 개별법령에 합의제 행정청의 장을 피고로 한다는 명문규정이 없는 한 합의제 행정청 명의로 한 행정처분의 취소소송의 피고적격자는 당해 합의제 행정청이 아닌 합의제 행정청의 장이다.

② 원고가 피고를 잘못 지정한 경우 피고경정은 취소소송과 당사자소송 모두에서 사실심 변론종결에 이르기까지 허용된다.

③ 법원은 당사자소송을 취소소송으로 변경하는 것이 상당하다고 인정할 때에는 청구의 기초에 변경이 없는 한 사실심의 변론종결시까지 원고의 신청에 의하여 결정으로써 소의 변경을 허가할 수 있다.

④ 당사자소송의 원고가 피고를 잘못 지정하여 피고경정신청을 한 경우 법원은 결정으로써 피고의 경정을 허가할 수 있다.

04

수익적 행정행위의 철회에 대한 설명으로 옳은 것은? (다툼이 있는 경우 판례에 의함)

① 수익적 행정행위에 대한 취소권 등의 행사는 기득권의 침해를 정당화할 만한 중대한 공익상의 필요 또는 제3자의 이익을 보호할 필요가 있고, 이를 상대방이 받는 불이익과 비교·교량하여 볼 때 공익상의 필요 등이 상대방이 입을 불이익을 정당화할 만큼 강한 경우에 한하여 허용될 수 있다.

② 행정행위를 한 처분청은 비록 처분 당시에 별다른 하자가 없었고, 처분 후에 이를 철회할 별도의 법적 근거가 없더라도 원래의 처분을 존속시킬 필요가 없게 된 중대한 공익상 필요가 발생한 경우에도 그 효력을 상실케 하는 별개의 행정행위로 이를 철회할 수 없다.

③ 수익적 행정행위를 취소 또는 철회하거나 중지시키는 경우에는 이미 부여된 국민의 기득권을 침해하는 것이 되므로, 비록 취소 등의 사유가 있다고 하더라도 허용되지 않는다.

④ 행정행위를 한 처분청은 비록 처분 당시에 별다른 하자가 없었고, 처분 후에 이를 철회할 별도의 법적 근거가 없더라도 원래의 처분을 존속시킬 필요가 없게 된 사정변경이 생겼다는 이유만으로 그 효력을 상실케 하는 별개의 행정행위로 이를 철회하는 것은 허용되지 않는다.

05

행정법의 효력에 대한 설명으로 옳지 않은 것은?

① 조례와 규칙은 특별한 규정이 없으면 공포한 날부터 20일이 경과함으로써 효력을 발생한다.

② 행정법령은 특별한 규정이 없는 한 시행일로부터 장래에 향하여 효력을 발생하는 것이 원칙이다.

③ 법령을 소급적용하더라도 일반국민의 이해에 직접 관계가 없는 경우에는 법령의 소급적용이 허용된다.

④ 법률불소급의 원칙은 그 법률의 효력발생 전에 완성된 요건 사실뿐만 아니라, 계속 중인 사실이나 그 이후에 발생한 요건 사실에 대해서도 그 법률을 소급적용할 수 없다.

06

「행정절차법」상 청문에 대한 설명으로 옳지 않은 것은?

① 청문주재자에게 공정한 청문 진행을 할 수 없는 사정이 있는 경우 당사자 등은 행정청에 기피신청을 할 수 있다.

② 청문주재자가 청문을 시작할 때에는 먼저 예정된 처분의 내용, 그 원인이 되는 사실 및 법적 근거 등을 설명하여야 한다.

③ 청문주재자는 직권으로 또는 당사자의 신청에 따라 필요한 조사를 할 수 있으며, 당사자 등이 주장하지 아니한 사실에 대하여는 조사할 수 없다.

④ 행정청은 청문을 마친 후 처분을 할 때까지 새로운 사정이 발견되어 청문을 재개(再開)할 필요가 있다고 인정할 때에는 청문조서 등을 되돌려 보내고 청문의 재개를 명할 수 있다.

07

행정지도에 대한 설명으로 옳지 않은 것은?

① 행정지도가 그의 한계를 일탈하지 아니하였다면, 그로 인하여 상대방에게 어떤 손해가 발생하였다 하더라도 행정기관은 그에 대한 손해배상책임이 없다.

② 위법한 건축물에 대한 단전 및 전화통화 단절조치 요청행위는 처분성이 인정되는 행정지도이다.

③ 상대방이 행정지도에 따르지 아니하였다는 것을 직접적인 이유로 하는 불이익한 조치는 위법한 행위가 된다.

④ 「국가배상법」이 정한 배상청구의 요건인 공무원의 직무에는 행정지도도 포함된다.

08

개인정보 보호에 대한 설명으로 옳지 <u>않은</u> 것은?

① 정보통신서비스 제공자(개인정보처리자)는 이용자가 필요한 최소한의 개인정보 이외의 개인정보를 제공하지 아니한다는 이유로 그 서비스의 제공을 거부할 수 있다.

② 개인정보처리자가 집단분쟁조정을 거부하거나 집단분쟁조정의 결과를 수락하지 아니한 경우에는 법원에 권리침해 행위의 금지·중지를 구하는 단체소송을 제기할 수 있다.

③ 「개인정보 보호법」은 외국의 정보통신서비스 제공자 등에 대하여 개인정보보호규제에 대한 상호주의를 채택하고 있다.

④ 개인정보자기결정권의 보호대상이 되는 개인정보는 개인의 내밀한 영역에 속하는 영역뿐만 아니라 공적 생활에서 형성되었거나 이미 공개된 개인정보까지 포함한다.

09

「행정소송법」상 당사자소송에 대한 설명으로 옳지 <u>않은</u> 것은?

① 공법상 '당사자소송'이란 행정청의 처분 등을 원인으로 하는 법률관계에 관한 소송 그 밖에 공법상의 법률관계에 관한 소송으로서 그 법률관계의 한쪽 당사자를 피고로 하는 소송을 말한다.

② 공법상 계약의 한쪽 당사자가 다른 당사자를 상대로 효력을 다투거나 이행을 청구하는 소송은 공법상의 법률관계에 관한 분쟁이므로 분쟁의 실질이 공법상 권리·의무의 존부·범위에 관한 다툼에 관해서는 공법상 당사자소송으로 제기하여야 한다.

③ 원고가 고의 또는 중대한 과실 없이 행정소송으로 제기하여야 할 사건을 민사소송으로 잘못 제기한 경우, 수소법원으로서는 만약 그 행정소송에 대한 관할도 동시에 가지고 있다면 이를 행정소송으로 심리·판단하여야 하고, 그 행정소송에 대한 관할을 가지고 있지 아니하다면 관할법원에 이송하여야 한다.

④ 당사자소송의 경우 법원은 필요하다고 인정할 때에는 직권으로 증거조사를 할 수 있으나, 당사자가 주장하지 아니한 사실에 대하여는 판단하여서는 안 된다.

10

행정법상 허가에 대한 설명으로 옳지 <u>않은</u> 것은?

① 허가는 규제에 반하는 행위에 대해 행정강제나 제재를 가하기보다는 행위의 사법상 효력을 부인함으로써 규제의 목적을 달성하는 방법이다.

② '허가'란 법령에 의해 금지된 행위를 일정한 요건을 갖춘 경우에 그 금지를 해제하여 적법하게 행위할 수 있게 해 준다는 의미에서 상대적 금지와 관련되는 경우이다.

③ 전통적인 의미에서 허가는 원래 개인이 누리는 자연적 자유를 공익적 차원(공공의 안녕과 질서유지)에서 금지해 두었다가 일정한 요건을 갖춘 경우 그러한 공공에 대한 위험이 없다고 판단되는 경우 그 금지를 풀어줌으로써 자연적 자유를 회복시켜 주는 행위이다.

④ 실정법상으로는 허가 이외에 면허, 인가, 인허, 승인 등의 용어가 사용되고 있기 때문에 그것이 학문상 개념인 허가에 해당하는지 검토할 필요가 있다.

11

「행정기본법」에 대한 설명으로 옳은 것만을 모두 고른 것은?

> ㄱ. 행정은 공공의 이익을 위하여 적극적으로 추진되어야 한다.
> ㄴ. 행정작용은 법률에 위반되어서는 아니 되며, 국민의 권리를 제한하거나 의무를 부과하는 경우와 그 밖에 국민생활에 중요한 영향을 미치는 경우에는 법률에 근거하여야 한다.
> ㄷ. 행정청은 합리적 이유 없이 국민을 차별하여서는 아니 된다.
> ㄹ. 행정청은 행정작용을 할 때 상대방에게 해당 행정작용과 실질적인 관련이 없는 의무를 부과해서는 아니 된다.
> ㅁ. 행정청은 처분에 재량이 있는 경우에는 부관(조건, 기한, 부담, 철회권의 유보 등을 말한다)을 붙일 수 있다.

① ㄱ, ㄴ, ㄷ

② ㄱ, ㄴ, ㄷ, ㄹ

③ ㄱ, ㄴ, ㄷ, ㄹ, ㅁ

④ ㄴ, ㄷ, ㄹ, ㅁ

12

행정소송의 원고적격에 대한 설명으로 옳지 않은 것은? (다툼이 있는 경우 판례에 의함)

① 면허나 인·허가 등의 수익적 행정처분의 근거가 되는 법률이 해당 업자들 사이의 과당경쟁으로 인한 경영의 불합리를 방지하는 것도 그 목적으로 하고 있는 경우, 다른 업자에 대한 면허나 인·허가 등의 수익적 행정처분에 대하여 미리 같은 종류의 면허나 인·허가 등의 처분을 받아 영업을 하고 있는 기존의 업자는 당해 행정처분의 취소를 구할 원고적격이 인정될 수 있다.

② 광업권설정허가처분과 그에 따른 광산 개발로 인하여 재산상·환경상 이익의 침해를 받거나 받을 우려가 있는 토지나 건축물의 소유자와 점유자 또는 이해관계인 및 주민들은 그 처분 전과 비교하여 수인한도를 넘는 재산상·환경상 이익의 침해를 받거나 받을 우려가 있다는 것을 증명하더라도 원고적격을 인정받을 수 없다.

③ 행정처분의 직접 상대방이 아닌 제3자라 하더라도 당해 행정처분으로 인하여 법률상 보호되는 이익을 침해당한 경우에는 취소소송을 제기하여 그 당부의 판단을 받을 자격이 있다.

④ 법인의 주주가 그 처분으로 인하여 궁극적으로 주식이 소각되거나 주주의 법인에 대한 권리가 소멸하는 등 주주의 지위에 중대한 영향을 초래하게 되는데도 그 처분의 성질상 당해 법인이 이를 다툴 것을 기대할 수 없고 달리 주주의 지위를 보전할 구제방법이 없는 경우에는 주주도 그 처분에 관하여 직접적이고 구체적인 법률상 이해관계를 가진다고 보이므로 그 취소를 구할 원고적격이 있다.

13

공법상 결과제거청구권에 대한 설명으로 옳지 않은 것은?

① 공법상 결과제거청구권의 대상은 가해행위와 상당인과관계가 있는 손해이다.

② 결과제거청구는 권력작용뿐만 아니라 관리작용에 의한 침해의 경우에도 인정된다.

③ 원상회복이 행정주체에게 기대가능한 것이어야 한다.

④ 피해자의 과실이 위법상태의 발생에 기여한 경우에는 그 과실에 비례하여 결과제거청구권이 제한되거나 상실된다.

14

행정심판의 재결에 대한 설명으로 옳지 않은 것은?

① 기각재결이 있은 후에도 원처분청은 원처분을 직권으로 취소 또는 변경할 수 있다.

② 재결의 기속력에는 반복금지효와 원상회복의무가 포함된다.

③ 행정심판에는 불고불리의 원칙과 불이익변경금지의 원칙이 인정되며, 처분청은 행정심판의 재결에 대해 불복할 수 없다.

④ 행정심판의 재결기간은 강행규정이다.

15

사례에 대한 설명으로 옳지 않은 것은? (다툼이 있는 경우 판례에 의함)

> 병무청장이 법무부장관에게 '가수 甲이 공연을 위하여 국외여행허가를 받고 출국한 후 미국시민권을 취득함으로써 사실상 병역의무를 면탈하였으므로 재외동포 자격으로 재입국하고자 하는 경우 국내에서 취업, 가수활동 등 영리활동을 할 수 없도록 하고, 불가능할 경우 입국 자체를 금지해 달라'고 요청함에 따라 법무부장관이 甲의 입국을 금지하는 결정을 하고, 그 정보를 내부전산망인 '출입국관리정보시스템'에 입력하였으나, 甲에게는 통보하지 않았다.

① 일반적으로 처분이 주체·내용·절차와 형식의 요건을 모두 갖추고 외부에 표시된 경우에는 처분의 존재가 인정된다.

② 행정의사가 외부에 표시되어 행정청이 자유롭게 취소·철회할 수 없는 구속을 받게 되는 시점에 처분이 성립한다.

③ 그 성립 여부는 행정청이 행정의사를 공식적인 방법으로 외부에 표시하였는지를 기준으로 판단해야 한다.

④ 위 입국금지결정은 항고소송의 대상이 되는 '처분'에 해당한다.

16

계획재량에 대한 설명으로 옳지 <u>않은</u> 것은?

① 통상적인 재량행위와 계획재량은 양적인 점에서 차이가 있을 뿐 질적인 점에서는 차이가 없다는 견해는 형량명령이 계획재량에 특유한 하자이론이라기보다는 비례의 원칙을 계획재량에 적용한 것이라고 한다.

② 행정주체는 그 행정계획에 관련되는 자들의 이익을 공익과 사익 사이에서는 물론이고 공익 상호간과 사익 상호간에도 정당하게 비교교량하여야 한다는 제한을 받는다.

③ 행정주체가 행정계획을 입안·결정함에 있어서 이익형량의 고려대상에 마땅히 포함시켜야 할 사항을 누락한 경우 이익형량을 전혀 행하지 아니하는 등의 사정이 없는 한 그 행정계획결정은 형량에 하자가 있다고 보기 어렵다.

④ 행정계획과 관련하여 이익형량을 하였으나 정당성과 객관성이 결여된 경우에는 그 행정계획결정은 형량에 하자가 있어 위법하게 된다.

17

「행정조사기본법」상 행정조사의 기본원칙에 대한 설명으로 옳지 <u>않은</u> 것은? (다툼이 있는 경우 판례에 의함)

① 행정조사는 조사목적을 달성하는 데 필요한 최소한의 범위 안에서 실시하여야 하며, 다른 목적 등을 위하여 조사권을 남용하여서는 아니 된다.

② 행정기관은 유사하거나 동일한 사안에 대하여는 공동조사 등을 실시함으로써 행정조사가 중복되지 아니하도록 하여야 한다.

③ 행정조사는 법령 등의 위반에 대한 처벌에 중점을 두되 법령 등을 준수하도록 유도하여야 한다.

④ 행정기관은 행정조사를 통하여 알게 된 정보를 다른 법률에 따라 내부에서 이용하거나 다른기관에 제공하는 경우를 제외하고는 원래의 조사목적 이외의 용도로 이용하거나 타인에게 제공하여서는 아니 된다.

18

행정규칙에 대한 설명으로 옳지 <u>않은</u> 것은? (다툼이 있는 경우 판례에 의함)

① 행정규칙인 고시가 법령의 수권에 의해 법령을 보충하는 사항을 정하는 경우에는 법령보충적 고시로서 근거법령 규정과 결합하여 대외적으로 구속력 있는 법규명령의 효력을 갖는다.

② 행정규칙은 행정규칙을 제정한 행정기관에 대하여는 대내적으로 법적 구속력을 갖지 않는다.

③ 사실상의 준비행위 또는 사전안내로 볼 수 있는 국립대학의 대학입학고사 주요요강은 공권력 행사이므로 항고소송의 대상이 되는 처분이다.

④ 일반적인 행정처분절차를 정하는 행정규칙은 대외적 구속력이 없다.

19

「공익사업을 위한 토지 등의 취득 및 보상에 관한 법률」상의 환매권에 대한 설명으로 옳지 <u>않은</u> 것은? (다툼이 있는 경우 판례에 의함)

① 토지의 협의취득일 또는 수용의 개시일부터 10년 이내에 해당 사업의 폐지·변경 또는 그 밖의 사유로 취득한 토지의 전부 또는 일부가 필요 없게 된 경우 취득일 당시의 토지소유자 또는 그 포괄승계인은 환매권을 행사할 수 있다.

② 환매권의 발생기간을 제한한 것은 사업시행자의 지위나 이해관계인들의 토지이용에 관한 법률관계 안정, 토지의 사회경제적 이용효율 제고, 사회일반에 돌아가야 할 개발이익이 원소유자에게 귀속되는 불합리 방지 등을 위한 것이라 하더라도, 그 입법목적은 정당하다고 할 수 없다.

③ 환매권 발생기간 '10년'을 예외 없이 유지하게 되면 토지수용 등의 원인이 된 공익사업의 폐지 등으로 공공필요가 소멸하였음에도 단지 10년이 경과하였다는 사정만으로 환매권이 배제되는 결과가 초래될 수 있다.

④ 법률조항 제91조의 위헌성은 환매권의 발생기간을 제한한 것 자체에 있다기보다는 그 기간을 10년 이내로 제한한 것에 있다. 이 사건 법률조항의 위헌성을 제거하는 다양한 방안이 있을 수 있고 이는 입법재량 영역에 속한다.

20

「국가배상법」의 내용에 대한 설명으로 옳지 <u>않은</u> 것은? (다툼이 있는 경우 판례에 의함)

① 국가나 지방자치단체는 공무를 위탁받은 사인이 직무를 집행하면서 고의 또는 과실로 법령을 위반하여 타인에게 손해를 입힌 때에는 「국가배상법」에 따라 그 손해를 배상하여야 한다.

② 도로·하천, 그 밖의 공공의 영조물(營造物)의 설치나 관리에 하자(瑕疵)가 있기 때문에 타인에게 손해를 발생하게 하였을 때에는 국가나 지방자치단체는 그 손해를 배상하여야 한다. 이 경우 군인·군무원의 2중배상금지에 관한 규정은 적용되지 않는다.

③ 직무를 집행하는 공무원에게 고의 또는 중대한 과실이 있으면 국가나 지방자치단체는 그 공무원에게 구상(求償)할 수 있다.

④ 군인·군무원이 전투·훈련 등 직무집행과 관련하여 전사(戰死)·순직(殉職)하거나 공상(公傷)을 입은 경우에 본인이나 그 유족이 다른 법령에 따라 재해보상금·유족연금·상이연금 등의 보상을 지급받을 수 있을 때에는 「국가배상법」 및 「민법」에 따른 손해배상을 청구할 수 없다.

21

「공공기관의 정보공개에 관한 법률」에 대한 설명으로 옳지 <u>않은</u> 것은?

① 정보공개의 원칙에 따라 공공기관이 보유·관리하는 정보는 국민의 알권리 보장 등을 위하여 이 법에서 정하는 바에 따라 적극적으로 공개하여야 한다.

② 모든 국민은 정보의 공개를 청구할 권리를 가진다.

③ 공공기관의 정보공개 담당자(정보공개 청구대상 정보와 관련된 업무담당자를 포함한다)는 정보공개 업무를 성실하게 수행하여야 하며, 공개 여부의 자의적인 결정, 고의적인 처리 지연 또는 위법한 공개 거부 및 회피 등 부당한 행위를 하여서는 아니 된다.

④ 공공기관은 예산집행의 내용과 사업평가 결과 등 행정감시를 위하여 필요한 정보에 대해서는 공개의 구체적 범위, 주기, 시기 및 방법 등을 미리 정하여 정보통신망 등을 통하여 알릴 필요까지는 없으나, 정기적으로 공개하여야 한다.

22

행정의 실효성 확보수단에 대한 설명으로 옳지 <u>않은</u> 것은? (다툼이 있는 경우 판례에 의함)

① 계고서라는 명칭의 1장의 문서로서 일정기간 내에 위법 건축물의 자진철거를 명함과 동시에 그 소정기한 내에 자진철거를 하지 아니할 때에는 대집행할 뜻을 미리 계고한 경우라도 「건축법」에 의한 철거명령과 「행정대집행법」에 의한 계고처분은 독립하여 있는 것으로서 각 그 요건이 충족되었다고 볼 것이다.

② 이행강제금은 행정상 간접적인 강제집행 수단의 하나로서, 과거의 일정한 법률위반행위에 대한 제재인 형벌이 아니라 장래의 의무이행 확보를 위한 강제수단일 뿐이어서, 범죄에 대하여 국가가 형벌권을 실행하는 과벌에 해당하지 아니한다.

③ 세무조사결정은 납세의무자의 권리·의무에 직접 영향을 미치는 공권력의 행사에 따른 행정작용으로 보기 어려우므로 항고소송의 대상이 될 수 없다.

④ 토지·건물 등의 인도의무는 비대체적 작위의무이므로 「행정대집행법」상 대집행대상이 될 수 없다.

23

개인적 공권에 대한 설명으로 옳지 <u>않은</u> 것은? (다툼이 있는 경우 판례에 의함)

① 한의사들이 가지는 한약조제권을 한약조제시험을 통하여 약사에게도 인정함으로써 감소하게 되는 한의사들의 영업상 이익은 법률에 의하여 보호되는 이익이라 볼 수 없다.

② 합병 이전의 회사에 대한 분식회계를 이유로 감사인 지정제외 처분과 손해배상공동기금의 추가적립의무를 명한 조치의 효력은 합병 후 존속하는 법인에게 승계될 수 있다.

③ 당사자 사이에 「석탄산업법 시행령」 제41조 제4항 제5호 소정의 재해위로금에 대한 지급청구권에 관한 부제소합의가 있는 경우 그러한 합의는 효력이 인정된다.

④ 석유판매업 허가는 소위 대물적 허가의 성질을 갖는 것이어서 양수인이 그 양수 후 허가관청으로부터 석유판매업허가를 다시 받았다 하더라도 이는 석유판매업의 양수양도를 전제로 한 것이어서 이로써 양도인의 지위승계가 부정되는 것은 아니므로 양도인의 귀책사유는 양수인에게 그 효력이 미친다.

24

행정행위의 부관에 대한 설명으로 옳지 <u>않은</u> 것은? (다툼이 있는 경우 판례에 의함)

① 재량행위에 있어서는 관계법령에 명시적인 금지규정이 없는 한 행정목적을 달성하기 위하여 조건이나 기한, 부담 등의 부관을 붙일 수 있고, 그 부관의 내용이 이행 가능하고 비례의 원칙 및 평등의 원칙에 적합하며 행정처분의 본질적 효력을 저해하지 아니하는 이상 위법하다고 할 수 없다.

② 부담은 행정청이 행정처분을 하면서 일방적으로 부가하는 것이 일반적이므로 상대방과 협의하여 협약의 형식으로 미리 정한 다음 행정처분을 하면서 이를 부가하는 경우 부담으로 볼 수 없다.

③ 부관의 사후변경은, 법률에 명문의 규정이 있거나 그 변경이 미리 유보되어 있는 경우 또는 상대방의 동의가 있는 경우에 한하여 허용되는 것이 원칙이지만, 사정변경으로 인하여 당초에 부담을 부가한 목적을 달성할 수 없게 된 경우에도 그 목적달성에 필요한 범위 내에서 예외적으로 허용된다.

④ 건축허가를 하면서 일정 토지를 기부채납하도록 하는 내용의 허가조건은 부관을 붙일 수 없는 기속행위 내지 기속적 재량행위인 건축허가에 붙인 부담이거나 또는 법령상 아무런 근거가 없는 부관이어서 무효이다.

25

「행정소송법」상 행정입법부작위에 대한 설명으로 옳지 <u>않은</u> 것은?

① 행정권의 시행명령제정의무는 헌법적 의무이다.

② 시행명령을 제정해야 함에도 불구하고 제정을 거부하는 것은 법치행정의 원칙에 반하는 것이 된다.

③ 시행명령을 제정 또는 개정하였지만 그것이 불충분 또는 불완전하게 된 경우에는 행정입법부작위가 아니다.

④ 행정입법부작위는 부작위위법확인소송의 대상이 된다.

빠른 정답표 ▶ 분석해설편 P.1
정답과 해설 ▶ 분석해설편 P.27

2020

2020.07.18. 국방부(육·해·공군) 시행

⏱ 적정시간 23분

월 일	월 일	월 일
시작 :	시작 :	시작 :
종료 :	종료 :	종료 :
점수	점수	점수

9급 군무원 행정법

01

행정법의 효력에 대한 설명으로 옳지 <u>않은</u> 것은? (다툼이 있는 경우 판례에 의함)

① 행정법규는 시행일부터 그 효력을 발생한다.

② 법령이 변경된 경우 신 법령이 피적용자에게 유리하여 이를 적용하도록 하는 경과규정을 두는 등의 특별한 규정이 없는 한 헌법 제13조 등의 규정에 비추어 볼 때 그 변경 전에 발생한 사항에 대하여는 변경 후의 신 법령이 아니라 변경 전의 구 법령이 적용되어야 한다.

③ 법령불소급의 원칙은 법령의 효력발생 전에 완성된 요건 사실에 대하여 당해 법령을 적용할 수 없다는 의미일 뿐, 계속 중인 사실이나 그 이후에 발생한 요건 사실에 대한 법령적용까지를 제한하는 것은 아니다.

④ 진정소급입법의 경우에는 신뢰보호의 이익을 주장할 수 있으나 부진정소급입법의 경우에는 신뢰보호의 이익을 주장할 수 없다.

02

행정규칙 형식의 법규명령에 대한 설명으로 옳지 <u>않은</u> 것은? (다툼이 있는 경우 판례에 의함)

① 헌법이 인정하고 있는 위임입법의 형식은 예시적인 것으로 보아야 할 것이고, 그것은 법률이 행정규칙에 위임하더라도 그 행정규칙은 위임된 사항만을 규율할 수 있으므로, 국회입법의 원칙과 상치되지도 않는다.

② 재산권 등과 같은 기본권을 제한하는 작용을 하는 법률이 입법위임을 할 때에는 법규명령에 위임함이 바람직하고, 금융감독위원회의 고시와 같은 행정규칙 형식으로 입법위임을 할 때에는 적어도 「행정규제기본법」 제4조 제2항 단서에서 정한 바와 같이 법령이 전문적·기술적 사항이나 경미한 사항으로서 업무의 성질상 위임이 불가피한 사항에 한정된다.

③ 법률이 행정규칙 형식으로 입법위임을 하는 경우에는 행정규칙의 특성상 포괄위임금지의 원칙은 인정되지 않는다.

④ 상위법령의 위임에 의하여 정하여진 행정규칙은 위임한 계를 벗어나지 아니하는 한 그 상위법령의 규정과 결합하여 대외적인 구속력이 있는 법규명령으로서의 효력을 갖게 된다.

03

인가에 대한 설명으로 옳지 <u>않은</u> 것은? (다툼이 있는 경우 판례에 의함)

① 기본행위가 적법·유효하고 보충행위인 인가처분 자체에 흠이 있다면 그 인가처분의 무효나 취소를 주장할 수 있다.

② 구 「외자도입법」에 따른 기술도입계약에 대한 인가는 기본행위인 기술도입계약을 보충하여 그 법률상 효력을 완성시키는 보충적 행정행위에 지나지 아니하므로 기본행위인 기술도입계약의 해지로 인하여 소멸되었다면 위 인가처분은 처분청의 직권취소에 의하여 소멸한다.

③ 「공유수면매립법」 등 관계법령상 공유수면매립의 면허로 인한 권리의무의 양도·양수에 있어서의 면허관청의 인가는 효력요건으로서, 면허로 인한 권리의무양도약정은 면허관청의 인가를 받지 않은 이상 법률상 아무런 효력도 발생할 수 없다.

④ 인가처분에 흠이 없다면 기본행위에 흠이 있다고 하더라도 따로 기본행위의 흠을 다투는 것은 별론으로 하고 기본행위의 흠을 내세워 바로 그에 대한 인가처분의 무효확인 또는 취소를 구할 수는 없다.

04

행정지도에 대한 설명으로 옳지 <u>않은</u> 것은? (다툼이 있는 경우 판례에 의함)

① 행정지도가 단순한 행정지도로서의 한계를 넘어 규제적·구속적 성격을 상당히 강하게 갖는 것이라면 헌법소원의 대상이 되는 공권력의 행사로 볼 수 있다.

② 행정관청이 「국토이용관리법」 소정의 토지거래계약신고에 관하여 공시된 기준시가를 기준으로 매매가격을 신고하도록 행정지도를 하여 그에 따라 피고인이 허위신고를 한 것이라면 그 위법행위는 정당화된다.

③ 구 「남녀차별금지 및 구제에 관한 법률」상 국가인권위원회의 성희롱결정과 이에 따른 시정조치의 권고는 성희롱행위자로 결정된 자의 인격권에 영향을 미침과 동시에 공공기관의 장 또는 사용자에게 일정한 법률상의 의무를 부담시키는 것이므로 국가인권위원회의 성희롱결정 및 시정조치권고는 행정소송의 대상이 되는 행정처분에 해당한다.

④ 적법한 행정지도로 인정되기 위해서는 우선 그 목적이 적법한 것으로 인정될 수 있어야 할 것이므로, 행정청이 행한 주식매각의 종용이 정당한 법률적 근거 없이 자의적으로 주주에게 제재를 가하는 것이라면 행정지도의 영역을 벗어난 것이라고 보아야 할 것이다.

05

헌법재판소 결정례와 대법원 판례의 내용으로 옳지 <u>않은</u> 것은? (다툼이 있는 경우 판례에 의함)

① 현역군인만을 국방부의 보조기관 및 차관보·보좌기관과 병무청 및 방위사업청의 보조기관 및 보좌기관에 보할 수 있도록 정하여 군무원을 제외하고 있는 「정부조직법」 관련 조항은 군무원인 청구인들의 평등권을 침해한다고 보아야 한다.

② 행정소송에 있어서 처분청의 처분권한 유무는 직권조사 사항이 아니다.

③ 행정권한의 위임이 행하여진 때에는 위임관청은 그 사무를 처리할 권한을 잃는다.

④ 자동차운전면허시험 관리업무는 국가행정사무이고 지방자치단체의 장인 서울특별시장은 국가로부터 그 관리업무를 기관위임받아 국가행정기관의 지위에서 그 업무를 집행하므로, 국가는 면허시험장의 설치 및 보존의 하자로 인한 손해배상책임을 부담한다.

06

「개인정보 보호법」상 고유식별정보에 관한 설명으로 옳지 <u>않은</u> 것은?

① 「여권법」에 따른 여권번호나 「출입국관리법」에 따른 외국인등록번호는 고유식별정보이다.

② 고유식별정보를 처리하려면 정보주체에게 정보의 수집·이용·제공 등에 필요한 사항을 알리고 다른 개인정보의 처리에 대한 동의와 함께 일괄적으로 동의를 받아야 한다.

③ 개인정보처리자가 이 법에 따라 고유식별정보를 처리하는 경우에는 그 고유식별정보가 분실·도난·유출·위조·변조 또는 훼손되지 아니하도록 대통령령으로 정하는 바에 따라 암호화 등 안전성 확보에 필요한 조치를 하여야 한다.

④ 개인정보처리자는 다른 개인정보의 처리에 대한 동의와 별도로 동의를 받은 경우라 하더라도 주민등록번호는 법에서 정한 예외적 인정사유에 해당하지 않는 한 처리할 수 없다.

07

신뢰보호원칙에 대한 설명으로 옳지 <u>않은</u> 것은? (다툼이 있는 경우 판례에 의함)

① 신뢰보호원칙의 법적 근거로는 신의칙설 또는 법적 안정성을 드는 것이 일반적인 견해이다.

② 신뢰보호원칙의 실정법적 근거로는 「행정절차법」 제4조 제2항, 「국세기본법」 제18조 제3항 등을 들 수 있다.

③ 대법원은 실권의 법리를 신뢰보호원칙의 파생원칙으로 본다.

④ 조세법령의 규정내용 및 행정규칙 자체는 과세관청의 공적 견해표명에 해당하지 아니한다.

08

정보공개에 대한 설명으로 옳지 <u>않은</u> 것은?

① 정보의 공개를 청구하는 자는 해당 정보를 보유하거나 관리하고 있는 공공기관에 법령상의 요건을 갖춘 정보공개 청구서를 제출하거나 말로써 정보의 공개를 청구할 수 있다.

② 공공기관은 공개 청구된 공개대상 정보의 전부 또는 일부가 제3자와 관련이 있다고 인정할 때에는 그 사실을 제3자에게 지체 없이 통지하여야 하며, 필요한 경우에는 그의 의견을 들을 수 있다.

③ 「공공기관의 정보공개에 관한 법률」 제11조 제3항에 따라 공개 청구된 사실을 통지받은 제3자는 그 통지를 받은 날부터 7일 이내에 해당 공공기관에 대하여 자신과 관련된 정보를 공개하지 아니할 것을 요청할 수 있다.

④ 「공공기관의 정보공개에 관한 법률」 제21조 제2항에 따른 비공개 요청에도 불구하고 공공기관이 공개 결정을 할 때에는 공개 결정이유와 공개 실시일을 분명히 밝혀 지체 없이 문서로 통지하여야 하며, 제3자는 해당 공공기관에 문서로 이의신청을 하거나 행정심판 또는 행정소송을 제기할 수 있다.

09

통고처분에 대한 설명으로 옳지 <u>않은</u> 것은? (다툼이 있는 경우 판례에 의함)

① 지방국세청장이 조세범칙행위에 대하여 고발을 한 후에 동일한 조세범칙행위에 대하여 통고처분을 하여 조세범칙행위자가 이를 이행하였다면 고발에 따른 형사절차의 이행은 일사부재리의 원칙에 반하여 위법하다.

② 「도로교통법」에 따른 경찰서장의 통고처분은 행정소송의 대상이 되는 행정처분이 아니다.

③ 통고처분은 상대방의 임의의 승복을 그 발효요건으로 하는 것으로서 상대방의 재판받을 권리를 침해하는 것으로 인정되지 않는다.

④ 「관세법」상 통고처분을 할 것인지의 여부는 관세청장 또는 세관장의 재량에 맡겨져 있고, 따라서 관세청장 또는 세관장이 관세범에 대하여 통고처분을 하지 아니한 채 고발하였다는 것만으로는 그 고발 및 이에 기한 공소의 제기가 부적법하게 되는 것은 아니다.

10

다음은 1993년 8월 12일에 발하여진 대통령의 금융실명거래 및 비밀보장에 관한 긴급재정경제명령(이하 '긴급재정경제명령'이라 칭함)에 관한 위헌확인소원에서 헌법재판소가 내린 결정 내용이다. 옳지 않은 것은? (다툼이 있는 경우 판례에 의함)

① 대통령의 긴급재정경제명령은 국가긴급권의 일종으로서 고도의 정치적 결단에 의하여 발동되는 행위이다.
② 대통령의 긴급재정경제명령은 이른바 통치행위에 속한다고 할 수 있다.
③ 통치행위를 포함하여 모든 국가작용은 국민의 기본권적 가치를 실현하기 위한 수단이라는 한계를 반드시 지켜야 한다.
④ 국민의 기본권 침해와 직접 관련되는 경우라도 그 국가작용이 고도의 정치적 결단에 의하여 행해진다면 당연히 헌법재판소의 심판대상이 되지 않는다.

11

다음 중 대법원 판례의 내용과 다른 것은? (다툼이 있는 경우 판례에 의함)

① 일정한 자격을 갖추고 소정의 절차에 따라 국립대학의 장에 의하여 임용된 조교는 법정된 근무기간 동안 신분이 보장되는 「교육공무원법」상의 교육공무원 내지 「국가공무원법」상의 특정직 공무원 지위가 부여되지만, 근무관계는 공법상 근무관계가 아닌 사법상의 근로계약관계에 해당한다.
② 행정규칙의 내용이 상위법령에 반하는 것이라면 법치국가원리에서 파생되는 법질서의 통일성과 모순금지원칙에 따라 그것은 법질서상 당연무효이고, 행정내부적 효력도 인정될 수 없다.
③ 계약직공무원에 관한 현행 법령의 규정에 비추어 볼 때, 계약직공무원 채용계약해지의 의사표시는 일반공무원에 대한 징계처분과는 달라서 항고소송의 대상이 되는 처분 등의 성격을 가진 것으로 인정되지 아니한다.
④ 「국가공무원법」상 당연퇴직은 결격사유가 있을 때 법률상 당연히 퇴직하는 것이지, 공무원관계를 소멸시키기 위한 별도의 행정처분을 요하는 것이 아니며, 당연퇴직의 인사발령은 법률상 당연히 발생하는 퇴직사유를 공적으로 확인하여 알려주는 이른바 관념의 통지에 불과하고 공무원의 신분을 상실시키는 새로운 형성적 행위가 아니므로 행정소송의 대상이 되는 독립한 행정처분이라고 할 수 없다.

12

「병역법」에 관련한 설명으로 옳지 않은 것은? (다툼이 있는 경우 판례에 의함)

① 현역입영대상자인 피고인이 정당한 사유 없이 병역의무부과통지서인 현역입영통지서의 수령을 거부하고 입영기일부터 3일이 경과하여도 입영하지 않은 경우 통지서 수령거부에 대한 처벌만 인정될 뿐 입영의 기피에 대한 처벌은 인정되지 않는다.
② 병역의무부과통지서인 현역입영통지서는 그 병역의무자에게 이를 송달함이 원칙이고, 이러한 송달은 병역의무자의 현실적인 수령행위를 전제로 하고 있다고 보아야 하므로, 병역의무자가 현역입영통지의 내용을 이미 알고 있는 경우에도 여전히 현역입영통지서의 송달은 필요하다.
③ 현역입영대상자로서는 현실적으로 입영을 하였다고 하더라도, 입영 이후의 법률관계에 영향을 미치고 있는 현역병입영통지처분 등을 한 관할지방병무청장을 상대로 위법을 주장하여 그 취소를 구할 소송상의 이익이 있다.
④ 「병역법」상 보충역편입처분과 공익근무요원소집처분이 각각 단계적으로 별개의 법률효과를 발생하는 독립된 행정처분이 아니므로, 불가쟁력이 생긴 보충역편입처분의 위법을 이유로 공익근무요원소집처분의 효력을 다툴 수 있다.

13

다수의 당사자 등이 공동으로 행정절차에 관한 행위를 할 때에 정하는 대표자에 관한 「행정절차법」의 규정 내용으로 옳지 않은 것은?

① 당사자 등은 대표자를 변경하거나 해임할 수 있다.
② 대표자는 각자 그를 대표자로 선정한 당사자 등을 위하여 행정절차에 관한 모든 행위를 할 수 있다. 다만, 행정절차를 끝맺는 행위에 대하여는 당사자 등의 동의를 받아야 한다.
③ 대표자가 있는 경우에는 당사자 등은 그 대표자를 통하여서만 행정절차에 관한 행위를 할 수 있다.
④ 다수의 대표자가 있는 경우 그중 1인에 대한 행정청의 행위는 모든 당사자 등에게 효력이 있다. 다만, 행정청의 통지는 대표자 1인에게 하여도 그 효력이 있다.

14

사실행위에 관한 판례의 내용으로 옳지 <u>않은</u> 것은? (다툼이 있는 경우 판례에 의함)

① 교도소장이 수형자를 '접견내용 녹음·녹화 및 접견시 교도관 참여대상자'로 지정한 행위는 수형자의 구체적 권리의무에 직접적 변동을 가져오는 행정청의 공법상 행위로서 항고소송의 대상이 되는 '처분'에 해당한다.

② 구청장이 사회복지법인에 특별감사결과 지적사항에 대한 시정지시와 그 결과를 관계서류와 함께 보고하도록 지시한 경우, 그 시정지시는 항고소송의 대상이 되는 행정처분에 해당하지 아니한다.

③ 교도소 수형자에게 소변을 받아 제출하게 한 것은, 형을 집행하는 우월적인 지위에서 외부와 격리된 채 형의 집행에 관한 지시·명령을 복종하여야 할 관계에 있는 자에게 행해진 것으로서 권력적 사실행위이다.

④ 「국세징수법」에 의한 체납처분의 집행으로서 한 압류처분은 행정청이 한 공법상의 처분이고, 따라서 그 처분이 위법이라고 하여 그 취소를 구하는 소송은 행정소송이다.

15

다음 중 대법원 판례의 내용과 <u>다른</u> 것은? (다툼이 있는 경우 판례에 의함)

① 방사능에 오염된 고철을 타인에게 매도하는 등으로 유통시킴으로써 거래 상대방이나 전전취득한 자가 방사능오염으로 피해를 입게 되었더라도 그 원인자는 방사능오염 사실을 모르고 유통시켰을 경우에는 「환경정책기본법」 제44조 제1항에 따라 피해자에게 피해를 배상할 의무는 없다.

② 토양은 폐기물 기타 오염물질에 의하여 오염될 수 있는 대상일 뿐 오염토양이라 하여 동산으로서 '물질'인 폐기물에 해당한다고 할 수 없고, 나아가 오염토양은 법령상 절차에 따른 정화대상이 될 뿐 법령상 금지되거나 그와 배치되는 개념인 투기나 폐기대상이 된다고 할 수 없다.

③ 행정청이 폐기물처리사업계획서 부적합 통보를 하면서 처분서에 불확정개념으로 규정된 법령상의 허가기준 등을 충족하지 못하였다는 취지만을 간략히 기재하였다면, 부적합 통보에 대한 취소소송절차에서 행정청은 그 처분을 하게 된 판단근거나 자료 등을 제시하여 구체적 불허가사유를 분명히 하여야 한다.

④ 불법행위로 영업을 중단한 자가 영업중단에 따른 손해배상을 구하는 경우 영업을 중단하지 않았으면 얻었을 순이익과 이와 별도로 영업중단과 상관없이 불가피하게 지출해야 하는 비용도 특별한 사정이 없는 한 손해배상의 범위에 포함될 수 있다.

16

행정법규 위반에 대한 제재조치의 설명으로 옳지 않은 것은? (다툼이 있는 경우 판례에 의함)

① 행정법규 위반에 대한 제재조치는 행정목적의 달성을 위하여 행정법규 위반이라는 객관적 사실에 착안하여 가하는 제재이므로, 반드시 현실적인 행위자가 아니라도 법령상 책임자로 규정된 자에게 부과되며, 그러한 제재조치의 위반자에게 고의나 과실이 있어야 부과할 수 있다.

② 법규가 예외적으로 형사소추 선행원칙을 규정하고 있지 않은 이상 형사판결 확정에 앞서 일정한 위반사실을 들어 행정처분을 하였다고 하여 절차적 위반이 있다고 할 수 없다.

③ 제재적 행정처분은 권익침해의 효과를 가져오므로 철회권이 유보되어 있거나, 법률유보의 원칙상 명문의 근거가 있어야 하며, 행정청이 이러한 권한을 갖고 있다고 하여도 그러한 권한의 행사는 의무에 합당한 재량에 따라야 한다.

④ 세무서장 등은 납세자가 허가·인가·면허 및 등록을 받은 사업과 관련된 소득세, 법인세 및 부가가치세를 대통령령으로 정하는 사유 없이 체납하였을 때에는 해당 사업의 주무관서에 그 납세자에 대하여 허가 등의 갱신과 그 허가 등의 근거 법률에 따른 신규 허가 등을 하지 아니할 것을 요구할 수 있다.

17

「행정심판법」의 규정 내용으로 옳지 않은 것은?

① 관계 행정기관의 장이 특별행정심판 또는 「행정심판법」에 따른 행정심판절차에 대한 특례를 신설하거나 변경하는 법령을 제정·개정할 때에는 미리 법무부장관과 협의하여야 한다.

② 행정청의 처분 또는 부작위에 대하여는 다른 법률에 특별한 규정이 있는 경우 외에는 이 법에 따라 행정심판을 청구할 수 있다.

③ 대통령의 처분 또는 부작위에 대하여는 다른 법률에서 행정심판을 청구할 수 있도록 정한 경우 외에는 행정심판을 청구할 수 없다.

④ 행정청이란 행정에 관한 의사를 결정하여 표시하는 국가 또는 지방자치단체의 기관, 그 밖에 법령 또는 자치법규에 따라 행정권한을 가지고 있거나 위탁을 받은 공공단체나 그 기관 또는 사인(私人)을 말한다.

18

행정소송의 대상이 되는 처분에 관한 판례의 내용으로 옳지 않은 것은? (다툼이 있는 경우 판례에 의함)

① 당사자가 지방노동위원회의 처분에 대하여 불복하기 위해서는 처분 송달일로부터 10일 이내에 중앙노동위원회에 재심을 신청하고 중앙노동위원회의 재심판정서 송달일로부터 15일 이내에 고용노동부장관을 피고로 하여 재심판정취소의 소를 제기하여야 할 것이다.

② 지방의회 의장에 대한 불신임의결은 의장으로서의 권한을 박탈하는 행정처분의 일종으로서 항고소송의 대상이 된다.

③ 조례가 집행행위의 개입 없이도 그 자체로서 직접 국민의 구체적인 권리의무나 법적 이익에 영향을 미치는 등의 법률상 효과를 발생하는 경우 그 조례는 항고소송의 대상이 되는 행정처분에 해당한다.

④ 항정신병 치료제의 요양급여 인정기준에 관한 보건복지부 고시가 다른 집행행위의 매개 없이 그 자체로서 제약회사, 요양기관, 환자 및 국민건강보험공단 사이의 법률관계를 직접 규율한다는 이유로 항고소송의 대상이 되는 행정처분에 해당한다.

19

소의 이익에 관한 판례의 내용으로 옳지 않은 것은? (다툼이 있는 경우 판례에 의함)

① 소음·진동배출시설에 대한 설치허가가 취소된 후 그 배출시설이 어떠한 경위로든 철거되어 다시 복구 등을 통하여 배출시설을 가동할 수 없는 상태라면 이는 배출시설 설치허가의 대상이 되지 아니하므로 외형상 설치허가취소행위가 잔존하고 있다고 하여도 특단의 사정이 없는 한 이제 와서 굳이 위 처분의 취소를 구할 법률상의 이익이 없다.

② 원자로 및 관계시설의 부지사전승인처분은 나중에 건설허가처분이 있게 되더라도 그 건설허가처분에 흡수되어 독립된 존재가치를 상실하는 것이 아니므로, 부지사전승인처분의 취소를 구할 이익이 있다.

③ 법인세 과세표준과 관련하여 과세관청이 법인의 소득처분 상대방에 대한 소득처분을 경정하면서 증액과 감액을 동시에 한 결과 전체로서 소득처분금액이 감소된 경우, 법인이 소득금액변동통지의 취소를 구할 소의 이익이 없다.

④ 건물철거 대집행계고처분 취소소송 계속 중 건물철거 대집행의 계고처분에 이어 대집행의 실행으로 건물에 대한 철거가 이미 사실행위로서 완료된 경우에는 원고로서는 계고처분의 취소를 구할 소의 이익이 없게 된다.

20

재결 자체에 고유한 위법이 있는 경우와 관련된 내용으로 옳지 않은 것은? (다툼이 있는 경우 판례에 의함)

① 권한이 없는 행정심판위원회에 의한 재결의 경우가 그 예이다.

② 재결 자체의 내용상 위법도 재결 자체에 고유한 위법이 있는 경우에 포함된다.

③ 제3자효를 수반하는 행정행위에 대한 행정심판청구의 인용재결은 원처분과 내용을 달리하는 것이므로 그 인용재결의 취소를 구하는 것은 원처분에는 없는 재결에 고유한 하자를 주장하는 것이라고 하더라도 당연히 항고소송의 대상이 되는 것은 아니다.

④ 행정처분에 대한 행정심판의 재결에 이유모순의 위법이 있다는 사유는 재결처분 자체에 고유한 하자로서 재결처분의 취소를 구하는 소송에서는 그 위법사유로서 주장할 수 있으나, 원처분의 취소를 구하는 소송에서는 그 취소를 구할 위법 사유로서 주장할 수 없다.

21

「공공기관의 정보공개에 관한 법률」의 내용으로 옳지 않은 것은? (다툼이 있는 경우 판례에 의함)

① 정보공개를 거부하기 위해서는 반드시 그 정보가 진행 중인 재판의 소송기록 그 자체에 포함된 내용의 정보일 필요는 없으나, 재판에 관련된 일체의 정보가 그에 해당하는 것은 아니고 진행 중인 재판의 심리 또는 재판결과에 구체적으로 영향을 미칠 위험이 있는 정보에 한정된다고 보는 것이 타당하다.

② 처분청이 처분 당시에 적시한 구체적 사실을 변경하지 아니하는 범위 내에서 단지 그 처분의 근거법령만을 추가·변경하거나 당초의 처분사유를 구체적으로 표시하는 것에 불과한 경우에는 새로운 처분사유를 추가하거나 변경하는 것이라고 볼 수 없다.

③ 학교환경위생구역 내 금지행위(숙박시설) 해제결정에 관한 학교환경위생정화위원회의 회의록에 기재된 발언내용에 대한 해당 발언자의 인적사항 부분에 관한 정보는 「공공기관의 정보공개에 관한 법률」 제7조 제1항 제5호 소정의 비공개대상에 해당한다고 볼 수 없다.

④ 의사결정과정에 제공된 회의 관련 자료나 의사결정과정이 기록된 회의록 등은 의사가 결정되거나 의사가 집행된 경우에는 더이상 의사결정과정에 있는 사항 그 자체라고는 할 수 없으나, 의사결정과정에 있는 사항에 준하는 사항으로서 비공개대상정보에 포함될 수 있다.

22

「국가배상법」 제2조와 관련한 내용으로 옳지 않은 것은? (다툼이 있는 경우 판례에 의함)

① 국·공립대학교원에 대한 재임용거부처분이 재량권을 일탈·남용한 것으로 평가되어 그것이 불법행위가 됨을 이유로 국·공립대학교원 임용권자에게 손해배상책임을 묻기 위해서는 당해 재임용거부가 국·공립대학교원 임용권자의 고의 또는 과실로 인한 것이라는 점이 인정되어야 한다.

② 입법부가 법률로써 행정부에게 특정한 사항을 위임했음에도 불구하고 행정부가 정당한 이유 없이 이를 이행하지 않는다면 권력분립의 원칙과 법치국가 내지 법치행정의 원칙에 위배되는 것으로서 위법함과 동시에 위헌적인 것이 된다.

③ 유흥주점에 감금된 채 윤락을 강요받으며 생활하던 여종업원들이 유흥주점에 화재가 났을 때 미처 피신하지 못하고 유독가스에 질식해 사망한 사안에서, 지방자치단체의 담당공무원이 위 유흥주점의 용도변경, 무허가 영업 및 시설기준에 위배된 개축에 대하여 시정명령 등 「식품위생법」상 취하여야 할 조치를 게을리한 직무상 의무위반행위와 위 종업원들의 사망 사이에 상당인과관계가 존재한다.

④ 「국가배상법」 제2조 제1항의 '법령을 위반하여'라고 함은 엄격하게 형식적 의미의 법령에 명시적으로 공무원의 행위의무가 정하여져 있음에도 이를 위반하는 경우만을 의미하는 것은 아니고, 인권존중·권력남용금지·신의성실과 같이 공무원으로서 마땅히 지켜야 할 준칙이나 규범을 지키지 아니하고 위반한 경우를 비롯하여 널리 그 행위가 객관적인 정당성을 결여하고 있는 경우도 포함한다.

23

무효와 취소의 구별실익에 관한 내용으로 옳지 <u>않은</u> 것은?

① 취소할 수 있는 행정행위에 대하여서만 사정재결, 사정판결이 인정된다.
② 행정심판전치주의는 무효선언을 구하는 취소소송과 무효확인소송 모두에 적용되지 않는다.
③ 무효확인판결에 간접강제가 인정되지 않는 것은 입법의 불비라는 비판이 있다.
④ 판례에 따르면, 무효선언을 구하는 취소소송은 제소기간의 제한이 인정된다고 한다.

24

이행강제금에 대한 설명으로 옳지 <u>않은</u> 것은? (다툼이 있는 경우 판례에 의함)

① 현행 「건축법」상 위법건축물에 대한 이행강제수단으로 대집행과 이행강제금이 인정되고 있는데, 행정청은 개별사건에 있어서 위반내용, 위반자의 시정의지 등을 감안하여 대집행과 이행강제금을 선택적으로 활용할 수 있다.
② 「건축법」에서 무허가 건축행위에 대한 형사처벌과 「건축법」 제80조 제1항에 의한 시정명령 위반에 대한 이행강제금의 부과는 헌법 제13조 제1항이 금지하는 이중처벌에 해당한다고 할 수 없다.
③ 비록 건축주 등이 장기간 시정명령을 이행하지 아니하였더라도, 그 기간 중에는 시정명령의 이행기회가 제공되지 아니하였다가 뒤늦게 시정명령의 이행기회가 제공된 경우라면, 시정명령의 이행기회가 제공되지 아니한 과거의 기간에 대한 이행강제금까지 한꺼번에 부과할 수 있다.
④ 「부동산 실권리자명의 등기에 관한 법률」상 장기미등기자가 이행강제금 부과 전에 등기신청의무를 이행하였다면 이행강제금의 부과로써 이행을 확보하고자 하는 목적은 이미 실현된 것이므로 이 법상 규정된 기간이 지나서 등기신청의무를 이행한 경우라 하더라도 이행강제금을 부과할 수 없다.

25

처분의 신청에 관한 「행정절차법」의 규정 내용으로 옳지 <u>않은</u> 것은?

① 행정청에 처분을 구하는 신청은 문서로 하여야 한다. 다만, 다른 법령 등에 특별한 규정이 있는 경우와 행정청이 미리 다른 방법을 정하여 공시한 경우에는 그러하지 아니하다.
② 행정청은 신청에 필요한 구비서류, 접수기관, 처리기간, 그 밖에 필요한 사항을 게시(인터넷 등을 통한 게시를 포함)하거나 이에 대한 편람을 갖추어 두고 누구나 열람할 수 있도록 하여야 한다.
③ 행정청은 신청에 구비서류의 미비 등 흠이 있는 경우에는 보완에 필요한 상당한 기간을 정하여 지체 없이 신청인에게 보완을 요구할 수 있다.
④ 행정청은 신청인의 편의를 위하여 다른 행정청에 신청을 접수하게 할 수 있다. 이 경우 행정청은 다른 행정청에 접수할 수 있는 신청의 종류를 미리 정하여 공시하여야 한다.

빠른 정답표 ▶ 분석해설편 P.1
정답과 해설 ▶ 분석해설편 P.37

9급 군무원 행정법(추가채용)

	월 일	월 일	월 일
시작	:	:	:
종료	:	:	:
점수			

01

다음 중 행정행위의 취소와 철회에 대한 설명으로 옳은 것은? (다툼이 있는 경우 판례에 의함)

① 취소는 행정행위의 성립에 하자가 있어 이를 사후에 권한 있는 기관이 처분의 효력을 장래에 향해 소멸시키는 독립된 행정처분이다.

② 철회는 성립 당시에 적법하게 성립된 행정처분을 새로운 사유를 이유로 성립 당시로 소급하여 효력을 소멸시키는 행위이다.

③ 취소나 철회는 양자 모두 행정목적을 위한 행정청의 행위라는 점은 동일하다.

④ 취소는 성립 당시의 하자에 대한 시정조치로서 별도의 법적 근거 없이 가능하나, 철회는 새로운 사유를 이유로 하여 법적 근거를 요한다.

02

다음 중 행정상 법률관계에서 사법관계에 해당하는 것은? (다툼이 있는 경우 판례에 의함)

① 행정재산에 대한 사용·수익허가

② 중학교 의무교육 위탁관계

③ 국유 일반재산의 대부 및 대부료 납입고지

④ 산업단지 입주변경계약의 취소

03

다음 중 법치행정에 관한 설명으로 옳지 않은 것은? (다툼이 있는 경우 판례에 의함)

① 법률유보원칙은 기본권 보장, 의회민주주의 등을 이념적 기초로 한다.

② 법률우위가 법치행정 체계의 것이라면 법률유보는 입법과 행정의 관계성의 문제이다.

③ 법률유보에서의 법률이란 원칙적으로 국회가 제정한 형식적 의미의 법률을 말하지만 법률에 의하여 구체적인 위임을 받은 법규명령이 포함될 수 있다.

④ 헌법재판소는 TV수신료 사건에서 행정유보원칙을 취하였다.

04

다음 중 공법상 계약이 아닌 것은? (다툼이 있는 경우 판례에 의함)

① 「공익사업을 위한 토지 등의 취득 및 보상에 관한 법률」상의 사업시행자와 토지소유자간의 보상금 협의

② 지방자치단체의 공해방지협정

③ 행정주체간의 도로관리협정

④ 별정우체국장의 지정 및 체신업무위탁계약

05

다음의 행정상 법률관계에서의 시효 및 기간에 관한 내용 중 옳지 않은 것은? (다툼이 있는 경우 판례에 의함)

① 「국회법」에서 기간을 계산함에 있어서 초일을 산입한다.

② 행정상 법률관계에 있어서 소멸시효는 사법상의 금전채권을 포함하여 특별한 규정이 없으면 5년이나, 「공무원연금법」에 따른 급여를 받을 권리는 3년간 행사하지 않으면 시효로 소멸한다.

③ 행정상 법률관계에 있어서 시효의 중단이나 정지에 대하여 특별한 규정이 없으면 「민법」 규정이 준용된다.

④ 「국세기본법」 또는 세법에서의 기간의 계산은 특별한 규정이 없으면 「민법」을 준용한다.

06

다음 중 행정주체가 아닌 것은?

① 대한민국
②「도시 및 주거환경정비법」에 따른 재개발조합
③ 강원도의회
④ 한국토지주택공사

07

다음 중 「행정절차법」에 규정된 행정지도의 방식이나 원칙으로 바르지 않은 것은?

① 행정지도는 그 목적 달성에 필요한 최소한도에 그쳐야 하며, 행정지도의 상대방의 의사에 반하여 부당하게 강요하여서는 아니 된다.
② 행정지도의 상대방은 해당 행정지도의 방식이나 내용 등에 관하여 행정기관에 의견을 제출할 수 있다.
③ 행정지도는 행정강제를 위한 단계적 행정작용으로 행정지도를 불이행한 자에 대하여 행정청은 불이익조치를 할 수 있다.
④ 행정기관이 같은 행정목적을 실현하기 위하여 많은 상대방에게 행정지도를 하려는 경우에는 특별한 사정이 없으면 행정지도에 공통된 내용이 되는 사항을 공표하여야 한다.

08

행정상 법률관계에서 당사자에 관한 설명으로 옳지 않은 것은? (다툼이 있는 경우 판례에 의함)

① 한국학중앙연구원, 국립의료원 등의 공공단체는 행정주체로서 행정객체는 될 수 없다.
② 행정소송에서 항고소송의 피고는 행정주체가 아닌 행정청이다.
③ 지방자치단체는 공공단체의 하나로서 행정주체가 된다.
④ 공무를 위탁받은 사인도 위탁범위 내에서 행정을 수행하는 경우에 행정주체가 된다.

09

다음 중 통치행위에 대한 설명으로 옳지 않은 것은? (다툼이 있는 경우 판례에 의함)

① 헌법재판소는 고도의 정치적 결단인 통치행위라도 그것이 국민의 기본권 침해와 직접 관련되는 경우에는 헌법재판소의 심판대상이 된다고 한다.
② 대통령의 서훈취소결정은 고도의 정치적 결단인 통치행위라고 볼 수 없다.
③ 고도의 정치작용인 통치행위는 정치적·사법적 측면에서 통제되지 않는다.
④ 남북정상회담의 개최는 고도의 정치적 성격을 지니고 있는 행위라 할 것이므로 특별한 사정이 없는 한 그 당부를 심판하는 것은 사법권의 내재적·본질적 한계를 넘어서는 것이 되어 적절하지 못하다.

10

다음 중 「행정절차법」에 관한 설명으로 옳지 않은 것은? (다툼이 있는 경우 판례에 의함)

① 행정청은 당사자에게 의무를 부과하거나 권익을 제한하는 처분을 하는 경우에는 미리 일정한 사항을 당사자 등에게 사전에 통지하여야 한다.
② 당사자에게 의무를 부과하는 처분이라도 공공의 안전 또는 복리를 위하여 긴급히 처분을 할 필요가 있는 경우에는 사전통지를 하지 않아도 된다.
③ 법령상의 청문을 행정청이 상대방과의 협약을 통해 청문을 배제하는 규정을 두어 청문을 생략할 수 없다.
④ 국민의 권익을 침해하는 행정이라도 청문이나 공청회 실시에 대한 내용이 법령에 규정되어 있지 않다면 의견제출절차를 거치지 않고도 처분을 할 수 있다.

11

다음 중 주민투표에 관한 설명으로 옳지 <u>않은</u> 것은? (다툼이 있는 경우 판례에 의함)

① 주민투표의 투표절차 등에 관한 사항은 「주민투표법」에 의한다.
② 지방자치단체의 장은 주민에게 과도한 부담을 주거나 중대한 영향을 미치는 지방자치단체의 주요 결정사항 등에 대하여 주민투표에 부칠 수 있다.
③ 주민투표의 실시는 주민 또는 지방의회의 청구가 있어야 한다.
④ 중앙행정기관의 장은 국가정책의 수립에 관하여 주민의 의견을 듣기 위하여 필요하다고 인정하는 때에는 주민투표의 실시구역을 정하여 관계 지방자치단체의 장에게 주민투표의 실시를 요구할 수 있다.

12

다음 중 「행정대집행법」상의 대집행이 가능한 경우로 옳은 것은? (다툼이 있는 경우 판례에 의함)

① 법외 단체인 전국공무원노동조합지부의 공무원 직장협의회의 운영에 이용되던 군청사시설인 사무실의 임의사용에 대한 지방자치단체장의 자진폐쇄 요청에 대한 불이행
② 「주택건설촉진법」상 도지사의 허가를 받지 않고 사업계획에 따른 용도 이외의 용도에 사용하는 행위 등을 금지하고, 그 위반행위에 대하여 벌칙규정만을 두고 있는 경우
③ 구 「공공용지취득 및 손실보상특례법」상 협의취득시 건축물의 자진철거에 대한 약정을 불이행한 경우
④ 행정청의 환지예정지 지정과 이에 따른 지장물의 자진철거요구를 불이행한 경우

13

행정행위의 내용 중 나머지와 <u>다른</u> 성질의 것은 무엇인가? (다툼이 있는 경우 판례에 의함)

① 조세부과
② 사립학교 임원선임에 대한 승인
③ 임용기간 만료통지
④ 공유수면매립면허

14

다음은 행정입법에 관한 헌법재판소의 결정의 일부이다. (   ) 안에 들어갈 것으로 올바르게 짝지어진 것은?

> 오늘날 의회의 입법독점주의에서 (㉠)로 전환하여 일정한 범위 내에서 행정입법을 허용하게 된 동기가 사회적 변화에 대응한 입법수요의 급증과 종래의 형식적 권력분립주의로는 현대사회에 대응할 수 없다는 기능적 권력분립론에 있다는 점 등을 감안하여 헌법 제40조와 헌법 제75조, 제95조의 의미를 살펴보면, 국회입법에 의한 수권이 입법기관이 아닌 행정기관에게 법률 등으로 구체적인 범위를 정하여 위임한 사항에 관하여는 당해 행정기관에게 법규정립의 권한을 갖게 되고, 입법자가 규율의 형식도 선택할 수도 있다 할 것이므로, 헌법이 인정하고 있는 (㉡)의 형식은 (㉢)인 것으로 보아야 할 것이고, 그것은 법률이 행정규칙에 위임하더라도 그 행정규칙은 위임된 사항만을 규율할 수 있으므로, 국회입법의 원칙과 상치되지도 않는다.

① ㉠ 행정중심주의, ㉡ 행정규칙, ㉢ 열기적
② ㉠ 입법중심주의, ㉡ 위임입법, ㉢ 예시적
③ ㉠ 입법중심주의, ㉡ 위임입법, ㉢ 열기적
④ ㉠ 행정중심주의, ㉡ 행정규칙, ㉢ 예시적

15

다음 중 개인정보 보호에 관한 내용으로 옳지 <u>않은</u> 것은? (다툼이 있는 경우 판례에 의함)

① 주민등록번호의 유출을 이유로 한 주민등록번호의 변경신청에 대한 구청장의 주민등록번호 변경신청 거부행위는 항고소송대상인 처분에 해당한다.
② 개인정보처리자는 정보주체가 필요한 최소한의 정보 외의 개인정보 수집에 동의하지 아니한다는 이유로 정보주체에게 재화 또는 서비스의 제공을 거부하여서는 아니 된다.
③ 개인정보처리자는 개인정보를 수집하는 경우에는 그 목적에 필요한 최소한의 개인정보를 수집하여야 하며 이 경우 최소한의 개인정보 수집이라는 입증책임은 개인정보처리자가 부담한다.
④ 개인정보처리자의 고의 또는 중대한 과실로 인하여 개인정보의 분실 등으로 정보주체에게 손해가 발생한 때에는 법원은 손해액의 5배를 넘지 않는 범위에서 손해배상액을 정할 수 있으나, 이 경우 법정손해배상의 청구로 변경을 할 수는 없다.

16

다음 중 「지방자치법」 등에서 지방자치단체장의 권한인 것은?

> ㉠ 조례에 대한 재의요구권
> ㉡ 조례제정권
> ㉢ 주민투표부의권
> ㉣ 행정사무 감사 또는 조사 결과의 처리권
> ㉤ 규칙제정권
> ㉥ 청원의 수리와 처리의결권
> ㉦ 소속직원에 대한 임면 및 지휘감독
> ㉧ 예산의 심의와 확정에 대한 의결권

① ㉠, ㉡, ㉣, ㉥
② ㉠, ㉢, ㉤, ㉦
③ ㉡, ㉢, ㉣, ㉦
④ ㉡, ㉣, ㉤, ㉧

17

대한민국 국적의 甲은 A대학교 총장에게 해당 학교 예체능학생들의 최근 몇 년간 출석 및 성적에 대한 정보공개청구를 하였으나, A대학교 총장은 제3자와 관련된 정보라는 이유로 이를 비공개하였다. 다음 설명 중 옳지 <u>않은</u> 것은?

① 甲은 대한민국의 국적을 가지고 있으므로 정보공개청구 목적과 상관없이 정보공개청구권이 있다.
② 甲은 A대학교 총장의 비공개결정에 대하여 항고소송을 통해 구제받을 수 있으며 이와 별도의 법률상 이익 침해를 요하지 않는다.
③ A대학교가 사립대학교라 하더라도 정보공개를 하여야 할 공공기관에 해당되며, 정보공개의 범위는 정부로부터 보조를 받는 범위로 국한되는 것도 아니다.
④ 예체능학생들의 비공개요청이 있는 경우에 A대학교 총장은 정보를 공개할 수 없다.

18

다음 중 개인정보 보호에 대한 설명으로 옳지 <u>않은</u> 것은? (다툼이 있는 경우 판례에 의함)

① 「개인정보 보호법」상의 개인정보는 살아 있는 개인의 정보로서, 사자(死者)의 정보나 법인이나 단체의 정보는 포함되지 않는다.
② '개인정보자기결정권'이란 자신에 관한 정보를 언제, 누구에게, 어느 범위까지 알리고 또 이용되도록 할 것인지를 정보주체가 스스로 결정할 수 있는 권리이다.
③ 개인정보자기결정권이나 익명표현의 자유가 헌법 제37조 제2항에 따라 법률로써 제한될 수 있다.
④ 개인정보자기결정권의 보호대상이 되는 개인정보는 공적 생활에서 형성되었거나 이미 공개된 개인정보까지 포함하지 않는다.

19

다음 중 인·허가의제제도에 관한 설명으로 옳은 것은? (다툼이 있는 경우 판례에 의함)

① 인·허가의제가 인정되는 경우에 의제되는 법률에 규정된 주민의 의견청취 등의 절차를 거칠 필요는 없다.
② 사업시행자가 주택건설사업계획승인을 받음으로써 도로점용허가가 의제된 경우에 관리청이 도로점용료를 부과하지 않아도 점용료를 납부할 의무를 부담하게 된다.
③ 채광계획인가에 의하여 공유수면점용허가가 의제될 경우, 공유수면점용 불허사유로써 채광계획을 인가하지 아니할 수 없다.
④ 주택건설사업계획승인처분에 따라 의제된 지구단위계획결정에 하자가 있음을 이해관계인이 다투고자 하는 경우, 주된 처분인 주택건설사업계획승인처분과 의제된 인·허가인 지구단위계획결정 중 소송대상은 주된 처분인 주택건설사업계획승인처분이 된다.

20

다음은 행정의 실효성 확보수단에 관한 내용이다. 옳지 <u>않은</u> 것은? (다툼이 있는 경우 판례에 의함)

① 이행강제금은 대체적 작위의무에 대한 불이행에 대하여 가능한 행정강제이다.
② 과징금은 경제법을 위반하여 얻어진 불법적 이득을 환수하는 성질의 제재적 처분으로서 상대방의 고의나 과실에 의하여 부과된다.
③ 행정대집행은 대집행의 요건이 충족된 경우에도 행정청의 재량이다.
④ 행정법을 위반하여 받게 되는 벌금과 과징금부과는 이중처벌금지원칙에 반하지 않는다.

21

행정소송에 관한 설명으로 옳지 <u>않은</u> 것은? (다툼이 있는 경우 판례에 의함)

① 도지사의 도 내의 특정시에 대한 혁신도시 최종입지선정 행위는 항고소송대상인 처분이다.
② 취소소송의 관할법원은 원칙적으로 피고소재지 행정법원이다.
③ 소 진행 중 피고 행정청은 처분시 처분서에 명시된 기본적인 사실관계의 동일성 범위 내에서 처분사유의 추가·변경이 가능하다.
④ 구 「민원사무 처리에 관한 법률」 제19조 제1항에서 정한 사전심사결과의 통보는 항고소송의 대상이 되는 행정처분이 아니다.

22

행정심판에 관한 설명으로 옳지 <u>않은</u> 것은? (다툼이 있는 경우 판례에 의함)

① 감사원의 처분과 부작위에 대한 행정심판은 감사원소속의 행정심판위원회에 의하여 이루어진다.
② 인용재결의 기속력에 의하여 지방자치단체인 피청구인은 불복하여 행정소송을 청구할 수 없도록 한 규정은 평등원칙 등 헌법에 위반되지 않는다.
③ 행정심판은 재결의 실효성을 확보하기 위한 직접처분제도가 마련되어 있어 간접강제의 일환으로서 배상제도는 규정이 없다.
④ 행정심판의 청구는 피청구인인 행정청이나 위원회에 서면으로 한다.

23

「행정절차법」상 입법예고에 대한 설명으로 옳지 <u>않은</u> 것은? (다툼이 있는 경우 판례에 의함)

① 대통령령에 대한 입법예고는 국회 소관 상임위원회에 이를 제출하여야 한다.
② 행정입법예고기간은 특별한 사정이 없으면 20일로 하며 자치법규는 10일이다.
③ 입법예고에 대하여 누구든지 의견을 제출할 수 있다.
④ 행정청은 입법예고를 할 때에 입법안과 관련이 있다고 인정되는 중앙행정기관, 지방자치단체, 그 밖의 단체 등이 예고사항을 알 수 있도록 예고사항을 통지하거나 그 밖의 방법으로 알려야 한다.

24

시내도로를 점거하고 연좌시위를 하는 시위단에게 관할 경찰청장이 해산명령을 내렸을 경우, 성질은 무엇인가?

① 통지
② 하명
③ 행정지도
④ 인가

25

사정재결과 사정판결에 대한 설명으로 옳지 <u>않은</u> 것은? (다툼이 있는 경우 판례에 의함)

① 사정재결은 심판의 청구가 이유 있음에도 이를 인용하는 것이 공공복리에 크게 위배된다고 인정하면 그 심판청구를 기각하는 재결을 말한다.
② 사정재결을 하는 경우 위원회는 재결의 주문에서 그 처분 또는 부작위가 적법함을 밝혀야 한다.
③ 무효등확인소송에는 사정판결이 적용되지 않는다.
④ 사정판결의 경우 희생되는 원고의 권익구제와 공익 사이에 형량을 통해 이루어진다.

※ 2019년도(추가채용) 기출복원문제는 시험 응시자들과 집필진의 기억을 토대로 재구성되었습니다. 실제 기출문제와는 다소 차이가 있을 수 있음을 알려드립니다.

빠른 정답표 ▶ 분석해설편 P.1
정답과 해설 ▶ 분석해설편 P.48

2019

2019.06.22. 국방부(육·해·공군) 시행

⏱ 적정시간 21분

월 일	월 일	월 일
시작 :	시작 :	시작 :
종료 :	종료 :	종료 :
점수	점수	점수

9급 군무원 행정법

1초 합격예측! 모바일 성적분석표

QR 코드로 접속하여 문제 풀이시간을 측정하고,
〈1초 합격예측 & 모바일 성적분석표〉 서비스를
통해 지금 바로! 실력을 점검해 보세요.
http://eduwill.kr/Lt36

01

다음 중 「공공기관의 정보공개에 관한 법률」에 대한 설명으로 바르지 않은 것은? (다툼이 있는 경우 판례에 의함)

① '진행 중인 재판에 관련된 정보'에 해당한다는 사유로 정보공개를 거부하기 위하여는 반드시 그 정보가 진행 중인 재판의 소송기록 자체에 포함된 내용일 필요는 없다.

② 피청구인이 청구인에 대한 형사재판이 확정된 후 그중 제1심 공판정심리의 녹음물을 폐기한 행위는 법원행정상의 구체적인 사실행위이지만 헌법소원심판의 대상이 되는 공권력의 행사로 볼 수 있다.

③ 「방송법」에 의하여 설립운영되는 한국방송공사(KBS)는 「공공기관의 정보공개에 관한 법률 시행령」 제2조 제4호의 '특별법에 의하여 설립된 특수법인'으로서 정보공개의무가 있는 공공기관에 해당한다.

④ 국민의 정보공개청구는 폭넓게 인정될 수 있으나 담당공무원을 괴롭힐 목적으로 정보공개청구를 하는 경우처럼 권리의 남용에 해당하는 것이 명백한 경우에는 정보공개청구권의 행사를 허용할 수 없다.

02

다음 중 판례의 내용으로 바르지 않은 것은?

① 행정청이 사인과의 협의를 통해 근거법령에 따라 적법하게 부관을 붙였으나 이후 근거법령의 개정으로 더이상 그 행위에 부관을 붙일 수 없게 되었다고 하더라도, 종전 법령에 의하여 적법하게 행해진 처분과 그에 따른 부관이 그 효력을 상실하게 되는 것은 아니며 부당결부라고 할 수도 없다.

② 일반적으로 법률의 위임에 의하여 효력을 갖는 법규명령이 구법에 위임의 근거가 없어 무효였더라도 사후에 법개정으로 근거가 부여되면 그때부터 유효한 법규명령이 된다.

③ 지하철공사의 근로자가 지하철 연장운행 방해행위로 유죄판결을 받았으나, 그 후 공사와 노조가 해고자가 없도록 한다는 내용의 합의를 한 경우라도 그 행위자를 면책하기로 한다는 합의는 아니므로 공사가 취업규칙에 근거하여 당해 근로자에 대하여 한 당연퇴직 조치가 위법하다고 볼 수 없다.

④ 「행정소송법」상 행정청이 일정한 처분을 하지 못하도록 예방적 차원에서 부작위를 구하는 청구는 허용될 수 없는 소송이다.

03

다음 중 행정법의 일반원칙에 대한 설명으로 옳지 않은 것은? (다툼이 있는 경우 판례에 의함)

① 지방자치단체장이 사업자에게 주택사업계획승인을 하면서 그 주택사업과는 아무런 관련이 없는 토지를 기부채납하도록 하는 부관을 주택사업계획승인에 붙인 경우, 그 부관은 부당결부금지의 원칙에 위반되어 위법이다.

② 재량준칙이 공표된 것만으로는 행정의 자기구속의 원칙이 적용될 수 없고, 재량준칙이 되풀이 시행되어 행정관행이 성립한 경우에 행정의 자기구속의 원칙이 적용될 수 있다.

③ 반복적으로 행해진 행정처분이 위법하더라도 행정의 자기구속의 원칙에 따라 행정청은 선행처분에 구속된다.

④ 승합차를 혈중알코올농도 0.182%의 음주상태로 운전한 자에 대하여 제1종 보통운전면허 외에 제1종 대형운전면허까지 취소한 행정청의 처분은 적법하다.

04

다음 중 공법관계에 해당하는 것으로 옳은 것은?

> ㉠ 국유 일반재산에 대한 대부 및 대부료 납입고지
> ㉡ 행정재산의 사용수익허가
> ㉢ 지방자치단체에 근무하는 청원경찰의 근무관계
> ㉣ 창덕궁 등의 고궁 안내원의 채용계약
> ㉤ 국유재산 무단점유자에 대한 변상금 부과처분
> ㉥ 구 「예산회계법」상의 입찰보증금 국고귀속조치

① ㉠, ㉢, ㉣
② ㉡, ㉣, ㉤
③ ㉡, ㉢, ㉥
④ ㉡, ㉢, ㉤

05

다음 중 개인적 공권에 대한 설명으로 바르지 <u>않은</u> 것은? (다툼이 있는 경우 판례에 의함)

① 경찰관에게 권한을 부여한 취지와 목적에 비추어 볼 때 구체적인 사정에 따라 경찰관이 권한을 행사하여 필요한 조치를 취하지 아니하는 것이 현저하게 불합리하다고 인정되는 경우에는 그러한 권한의 불행사는 직무상의 의무를 위반한 것이 되어 위법하게 된다.

② 공무원연금수급권과 같은 사회보장수급권은 사회적 기본권 중의 하나로서, 이는 국가에 대하여 적극적으로 급부를 요구하는 것이므로 헌법 규정만으로는 이를 실현할 수 없어 법률에 의한 형성이 필요하고, 그 구체적인 내용, 즉 수급요건, 수급권자의 범위 및 급여금액 등은 법률에 의하여 비로소 확정된다.

③ 건축물이 「건축법」을 위반하여 인근 주민의 일조권 등을 침해하는 경우, 행정청에 해당 건축물에 대하여 「건축법」 제69조 제1항 등에 근거한 허가취소, 철거명령 등을 청구하였으나, 행정청이 적절한 조치를 하지 않은 경우 행정청의 부작위는 위법하다.

④ 행정처분에 있어서 불이익처분의 상대방은 직접 개인적 이익의 침해를 받은 자로서 원고적격이 인정되지만, 수익처분의 상대방은 그의 권리나 법률상 이익이 침해되었다고 볼 수 없으므로 달리 특별한 사정이 없는 한 취소를 구할 법률상 이익이 없다.

06

다음 중 법규명령의 통제에 관한 설명으로 바르지 <u>않은</u> 것은? (다툼이 있는 경우 판례에 의함)

① 헌법재판소에 의하면 재량권 행사의 준칙인 행정규칙이 그 정한 바에 따라 되풀이 시행되어 행정관행이 성립되어 평등 또는 신뢰보호의 원칙에 따라 행정기관이 그 상대방에 대한 관계에서 그 규칙에 따라야 할 자기구속을 받게 되는 경우에는 대외적 구속력을 갖게 되어 헌법소원의 대상이 된다.

② 법원에 의해서 법규명령의 특정 조항이 위헌이나 위법이라고 판단된 경우 법원은 무효라고 판결하고 이 경우 무효로 판단된 당해 조항은 그 순간 일반적으로 효력이 부정된다.

③ 「행정소송법」은 대법원 판결에 의하여 명령·규칙이 헌법 또는 법률에 위반된다는 것이 확정된 경우에는 대법원은 지체 없이 그 사유를 행정안전부장관에게 통보하여야 하고, 통보를 받은 행정안전부장관은 지체 없이 이를 관보에 게재하여야 한다고 규정하고 있다.

④ 국민권익위원회는 법률·대통령령·총리령·부령 및 그 위임에 따른 훈령·예규·고시·공고와 조례·규칙의 부패유발요인을 분석·검토하여 그 법령 등의 소관기관의 장에게 그 개선을 위하여 필요한 사항을 권고할 수 있다.

07

다음 중 「부동산 거래신고 등에 관한 법률」상 토지거래허가에 대한 설명으로 바르지 <u>않은</u> 것은?

① 토지거래허가는 건축허가와 달리 강학상 보충행위로서의 인가에 해당한다.

② 토지거래허가의 대상은 사법(私法)상의 법률행위이다.

③ 토지거래허가로서 토지거래의 법률적 효력은 발생한다.

④ 토지거래가 무효라면 그에 기한 토지거래허가처분도 위법하여 취소를 면할 수 없다.

08

다음 중 부관에 대한 설명으로 바르지 <u>않은</u> 것은?

① 부담과 조건 등의 부관은 행정행위의 효과를 제한하거나 의무를 부과하는 행정청의 종된 의사표시이다.
② 부담의 경우 부종성의 성질을 갖고 있더라도 주된 행정행위와 독립된 행정행위로 볼 수 있다.
③ 운행일과 운행지역을 제한하는 택시영업의 허가는 부담부 행정행위에 해당한다.
④ 일반적으로 실무상 부관은 제한, 조건, 기간 등의 용어로 사용된다.

09

다음 중 행정행위의 하자승계에 대한 설명으로 옳지 <u>않은</u> 것은?

① 하자승계가 인정되는 경우에는 국민의 권익구제에 도움이 된다.
② 선행정행위가 제소기간의 경과로 확정된 경우에는 선행행위의 하자를 이유로 한 하자의 승계는 인정되지 않는다.
③ 대법원에 의하면 과세처분과 강제징수의 독촉은 과세처분이 당연무효가 아닌 한 하자승계가 인정되지 않는다.
④ 선행행위와 후행행위가 결합하여 하나의 법적 효과를 목적으로 하는 경우에는 선행행위의 무효 여부와 상관없이 하자승계가 인정된다.

10

다음 중 행정의 자동화작용(자동결정)에 대한 설명으로 바르지 <u>않은</u> 것은?

① 행정의 자동화결정도 행정작용의 일종으로서 행정의 법률적합성과 행정법의 일반원칙에 의해 제한될 수 있다.
② 전산처리에 의한 객관식 시험의 채점과 합격자결정은 행정의 자동화작용이다.
③ 행정의 자동화작용은 전산작용에 의한 작용이기 때문에 행정행위의 개념적 요소를 갖춘 경우에도 행정행위로서의 성질을 인정할 수 없다.
④ 교통신호의 고장으로 인한 손해는 「국가배상법」에 의한 손해배상이 가능하다.

11

다음 중 판례의 내용으로 바르지 <u>않은</u> 것은?

① 위법한 행정지도에 따라 이루어진 사인의 행위가 결과적으로 위법하게 되는 경우, 특별한 규정이 없는 한 위법성이 조각될 수 없다.
② 계약직 공무원에 관한 현행 법령의 규정에 비추어 볼 때, 계약직 공무원에 대한 채용계약해지의 의사표시는 일반공무원에 대한 징계처분과 같이 「행정절차법」에 의하여 근거와 이유를 제시하여야 한다.
③ 구 「국가를 당사자로 하는 계약에 관한 법률」상의 요건과 절차를 거치지 않고 체결한 국가와 사인간의 사법상 계약의 효력은 무효이다.
④ 어업권 우선순위결정은 행정청이 우선권자로 결정된 자의 신청이 있으면 어업권면허처분을 하겠다는 것을 약속하는 행위로서 강학상 확약에 불과하고 항고쟁송 대상인 처분이라고 할 수 없어 공정력 등의 효력이 인정되지 아니한다.

12

다음 중 행정계획에 대한 설명으로 옳지 <u>않은</u> 것은?

① 대법원에 의하면 「택지개발촉진법」상의 택지개발예정지구의 지정과 택지개발사업시행자에 대한 택지개발계획 승인은 각각의 독립된 행정처분이다.
② 위법한 행정계획으로 인한 피해는 국가배상청구대상이 된다.
③ 일반적으로 비구속적 행정계획에 대하여는 행정소송을 제기할 수 없으나 헌법소원대상은 될 수 있다.
④ 행정계획은 강학상 개념일 뿐이고 대법원은 이를 직접 정의한 바가 없다.

13

다음의 「공공기관의 정보공개에 관한 법률」상의 정보공개에 대한 내용으로 바르지 않은 것은?

① '정보'란 공공기관이 직무상 작성 또는 취득하여 관리하고 있는 문서(전자문서를 포함한다) 및 전자매체를 비롯한 모든 형태의 매체 등에 기록된 사항을 말한다.

② 모든 국민은 정보공개를 청구할 권리를 가지며, 이에는 자연인, 법인, 법인 아닌 단체도 포함된다.

③ 청구인이 정보공개청구 후 20일이 경과하도록 정보공개 결정이 없는 때에는 경과한 날로부터 30일 이내에 해당 공공기관에 문서로 이의신청을 할 수 있다.

④ 정보공개청구권은 구체적인 권리로 볼 수 없어 정보공개 청구인이 공공기관에 대하여 정보공개를 청구하였다가 거부처분을 받은 것만으로는 법률상 이익침해에 해당한다고 볼 수 없다.

14

다음 중 개인정보 보호에 대한 설명으로 옳지 않은 것은?

① 「개인정보 보호법」상 정보처리자는 공공기관을 말하며 공공기관이 아닌 법인, 단체, 개인에 의하여 처리되는 정보는 보호대상이 아니다.

② 「개인정보 보호법」상 '개인정보'란 살아 있는 개인에 관한 정보로서 성명, 주민등록번호 및 영상 등을 통하여 개인을 알아볼 수 있는 정보로서 법인이나 사자(死者)의 정보는 포함되지 않는다.

③ 「행정절차법」 등 다른 법령에서도 개인정보 보호에 관한 규정을 두고 있다.

④ 개인정보처리자가 이 법을 위반한 행위로 정보주체에게 손해가 발생하면 개인정보처리자에게 손해배상을 청구할 수 있다. 이 경우 그 개인정보처리자는 고의 또는 과실이 없음을 입증하지 아니하면 책임을 면할 수 없다.

15

다음 중 행정상 의무이행 확보수단에 대한 설명으로 옳지 않은 것은?

① '직접강제'란 비대체적 작위의무나 부작위의무를 불이행한 경우에 의무자에게 심리적 압박을 통해 의무이행을 간접적으로 강제하는 금전적 수단이다.

② 행정상 강제집행은 의무를 부과하는 법률과 별도로 강제집행을 위한 법률의 근거가 있어야 한다.

③ 대체적 작위의무의 불이행에 대한 행정대집행은 계고절차로부터 시작된다.

④ 강제징수를 위한 독촉과 행정대집행의 계고처분은 항고 쟁송대상인 통지로서의 성질을 갖는다.

16

다음 중 공법상 부당이득에 관한 설명으로 옳지 않은 것은? (다툼이 있는 경우 판례에 의함)

① 공법상 부당이득에 대한 일반법은 없고, 법령에 특별한 규정이 없는 한 「민법」 규정이 직접 또는 유추적용된다.

② 조세부과처분이 당연무효인 경우에는 부당이득에 해당되고, 부당이득반환청구는 행정소송에 의한다.

③ 국가가 사유지를 무단으로 사용하는 것은 부당이득에 해당한다.

④ 변상금부과처분이 당연무효인 경우에 이 변상금부과처분에 의하여 납부자가 납부하거나 징수당한 오납금은 지방자치단체가 법률상 원인 없이 취득한 부당이득에 해당한다.

17

다음 중 행정대집행에 대한 설명으로 옳지 않은 것은?

① 행정상 강제집행은 형성적 행위나 확인적 행위와 달리 명령적 행정행위에서 문제된다.

② 행정대집행의 대상이 되는 의무는 법령에서 직접 명해지는 경우나 법령에 근거한 행정행위에 의해 명해진 공법상의 대체적 작위의무이어야 한다.

③ 대법원은 건물의 철거의무는 제1차 철거명령과 제1차 계고처분에 의해서만 발생하는 것은 아니고, 제2차·제3차 계고처분을 통해서도 발생하여 반복된 계고도 처분이라 한다.

④ 계고처분시 대집행할 행위의 내용 및 범위가 반드시 계고서에 의해서만 특정되어야 하는 것은 아니다.

18

다음 중 「질서위반행위규제법」에 대한 설명으로 바르지 <u>않은</u> 것은?

① 질서위반행위를 한 자가 자신의 책임 없는 사유로 위반행위에 이르렀다고 주장하는 경우 법원으로서는 그 내용을 살펴 행위자에게 고의나 과실이 있는지를 따져보아야 한다.

② 자신의 행위가 위법하지 아니한 것으로 오인하고 행한 질서위반행위는 그 오인에 정당한 이유와 관계없이 과태료를 부과하지 아니한다.

③ 행정청이 질서위반행위에 대하여 과태료를 부과하고자 하는 때에는 미리 당사자에게 대통령령이 정하는 사항을 통지하고, 10일 이상의 기간을 정하여 의견을 제출할 기회를 주어야 한다.

④ 행정청의 과태료 부과에 불복하는 당사자는 과태료 부과 통지를 받은 날부터 60일 이내에 해당 행정청에 서면으로 이의제기를 할 수 있다.

19

다음 중 「행정절차법」에 대한 설명으로 바르지 <u>않은</u> 것은?

① 감사원이 감사위원회의 결정을 거쳐 행하는 사항에 대하여는 이 법을 적용하지 아니한다.

② 행정청은 대통령령과 총리령, 부령을 입법예고하는 경우 국회 소관 상임위원회에 이를 제출하여야 한다.

③ 신고가 법이 정한 형식요건을 갖춘 경우에는 신고서가 접수기관에 도달된 때에 신고의무가 이행된 것으로 본다.

④ 행정청은 신고인이 보완요구에도 일정기간이 지나도록 보완을 하지 아니하면 그 이유를 구체적으로 밝혀 신고서를 되돌려 보내야 한다.

20

다음 중 「국가배상법」 제5조의 국가배상에 대한 설명으로 옳지 <u>않은</u> 것은? (다툼이 있는 경우 판례에 의함)

① '영조물의 설치 또는 관리의 하자'라 함은 영조물이 그 용도에 따라 통상 갖추어야 할 안전성을 갖추지 못한 상태에 있음을 말하는 것으로서, 영조물이 완전무결한 상태에 있지 아니하다고 하여 영조물의 설치 또는 관리에 하자가 있다고 단정할 수 없다.

② 가변차로에 설치된 두 개의 신호등에서 서로 모순되는 신호가 들어오는 오작동이 발생하였고 그 고장이 현재의 기술수준상 부득이한 것이라고 가정하더라도 그와 같은 사정만으로 손해발생의 예견가능성이나 회피가능성이 없어 영조물의 하자를 인정할 수 없는 경우라고 단정할 수 없다.

③ 소음 등 공해의 위험지역으로 이주하였을 때 위험의 존재를 인식하고 피해를 용인하면서 접근한 것으로 볼 수 있는 경우, 가해자의 면책을 인정할 수 있다.

④ 「국가배상법」 제5조 소정의 '공공의 영조물'이란 공유나 사유임을 불문하고 행정주체에 의하여 특정 공공의 목적에 공여된 유체물 또는 물적 설비를 의미하므로, 사실상 군민의 통행에 제공되고 있던 도로 옆의 암벽으로부터 떨어진 낙석에 의해 사망하는 사고가 발생하였다면 사고지점 도로가 행정청에 의하여 노선 인정 기타 공용개시가 없었다고 해도 영조물이라 할 수 있다.

21

다음 중 행정상 손해배상에 대한 설명으로 옳지 <u>않은</u> 것은?

① 헌법 제29조는 공무원의 직무상 불법행위에 의한 배상에 대해 규정하고 있다.

② 근대국가가 성립될 당시의 일반적 입장은 원칙적으로 국가무책임원칙이었다.

③ 재량의 하자가 부당에 그치는 경우에는 국가배상이 곤란하다.

④ 공무원의 직무행위 여부를 판단하는 기준은 객관적 외형보다 당해 공무원의 주관적 직무집행 의사와 실제 직무 여부에 의한다.

22

다음 중 행정소송의 소송요건에 대한 설명으로 바르지 <u>않은</u> 것은?

① 제소기간 등의 소송요건을 갖추지 못한 소청구는 각하된다.
② 원고적격, 협의의 소익, 소송 대상적격으로서 처분성 여부는 행정소송의 소송요건이다.
③ 청구의 적법성 여부를 판단하는 것을 요건심리라 한다.
④ 요건심리는 부적법한 소송 등을 배제하여 법원의 업무부담을 줄이기 위한 것으로, 당사자의 주장과 입증을 필요로 한다.

23

다음 중 당사자소송에 대한 설명으로 옳지 <u>않은</u> 것은? (다툼이 있는 경우 판례에 의함)

① 공무원연금관리공단이 공무원연금법령의 개정사실과 퇴직연금 수급자가 퇴직연금 중 일부 금액의 지급정지대상자가 되었다는 사실의 통보와 그에 따라 일부 금액에 대하여 지급거부의 의사표시를 한 경우, 항고쟁송대상인 처분에 해당한다.
② 고의 또는 중대한 과실 없이 당사자소송으로 제기하여야 할 것을 항고소송으로 잘못 제기한 경우에, 법원으로서는 원고가 당사자소송으로 소 변경을 하도록 하여 심리판단하여야 한다.
③「고용보험 및 산업재해보상보험의 보험료징수 등에 관한 법률」제4조 등의 규정에 의하면, 사업주가 당연가입자가 되는 고용보험 및 산재보험에서 보험료 납부의무 부존재확인의 소는 공법상의 법률관계 자체를 다투는 소송으로서 공법상 당사자소송이다.
④ 지방자치단체가 보조금 지급결정을 하면서 일정 기한 내에 보조금을 반환하도록 하는 교부조건을 부가한 경우 보조사업자에 대한 지방자치단체의 보조금반환청구는「행정소송법」상 당사자소송의 대상이다.

24

다음 중 부작위위법확인소송에 대한 설명으로 옳지 <u>않은</u> 것은? (다툼이 있는 경우 판례에 의함)

① 부작위위법이 아닌 작위의무확인의 청구는 현행 법제상 허용되고 있지 아니하다.
② 행정청에 대한 신청의 내용이 질서행정상의 것인지 복리행정상의 것인지를 가리지 않으며, 비권력적 사실행위나 사경제적 계약의 체결요구 등도 포함된다.
③ 처분의 직접 상대방이 아닌 제3자라 하여도 원고적격이 인정될 수 있으며, 원칙적으로 제소기간은 제한이 없다.
④ 소제기 후 판결시까지 행정청이 그 신청에 대하여 적극 또는 소극의 처분을 함으로써 부작위상태가 해소되면 소의 이익은 상실하게 되어 각하된다.

25

다음 중「행정심판법」에 대한 설명으로 옳은 것은?

①‘부작위’란 행정청이 법규상 근거한 신청에 대하여 상당한 기간 내에 일정한 처분을 하여야 할 법령상 의무가 있는데도 처분을 하지 아니한 것만을 말한다.
② 청구의 변경은 서면으로 신청하여야 한다.
③ 재결은 피청구인인 행정청이나 행정심판위원회가 심판청구서를 받은 날부터 90일 이내에 하여야 하며, 부득이한 경우에는 30일 연장할 수 있다.
④ 다수청구인이 공동으로 심판청구를 할 때에는 5명 이하의 선정대표자를 선정할 수 있다.

※ 2019년도 기출복원문제는 시험 응시자들과 집필진의 기억을 토대로 재구성되었습니다. 실제 기출문제와는 다소 차이가 있을 수 있음을 알려드립니다.

빠른 정답표 ▶ 분석해설편 P.1
정답과 해설 ▶ 분석해설편 P.58

2018

2018.08.11. 국방부(육·해·공군) 시행

⏱ 적정시간 19분

월 일	월 일	월 일
시작 :	시작 :	시작 :
종료 :	종료 :	종료 :
점수	점수	점수

9급 군무원 행정법

01

다음 중 우리나라에서 통치행위로 인정된 것은?

① 남북정상회담을 위한 대북송금행위
② 외국에의 국군의 파병결정
③ 대통령의 서훈취소결정
④ 국헌문란 목적의 계엄선포의 확대

02

다음 중 행정법의 일반원칙에 대한 설명으로 바르지 않은 것은? (다툼이 있는 경우 판례에 의함)

① 신뢰보호의 선행조치인 공적 견해를 판단하는 기준은 형식적 권한분장에 의한다.
② 과잉금지원칙은 「행정절차법」에 행정지도원칙으로 규정되어 있다.
③ 자기구속의 법리는 평등이나 신뢰보호를 근거로 한다.
④ 부당결부금지원칙을 위반한 행위는 주로 취소사유가 된다.

03

행정법 관계의 특질 중 확정력(존속력)에 대한 설명으로 바르지 않은 것은?

① 불가쟁력이 발생하면 불가변력이 발생한다.
② 불가쟁력 이후에도 손해배상을 청구할 수 있다.
③ 불가쟁력 이후에도 행정청은 직권으로 취소할 수 있다.
④ 불가쟁력은 불가변력과 달리 원칙적으로 무효가 아닌 한 모든 처분에 인정된다.

04

자기완결적 신고에 대한 설명으로 바르지 않은 것은?

① 법이 정한 요건을 갖춘 경우에는 신고서가 접수기관에 도달된 때에 신고의 의무가 이행된 것으로 본다.
② 적법한 신고가 있는 경우 법령이 정하지 아니한 사유를 들어 신고수리를 거부할 수 없다.
③ 담당공무원이 법령에 규정되지 아니한 다른 사유를 들어 그 신고를 수리하지 아니하고 반려하였다고 하더라도, 그 신고서가 제출된 때에 신고가 있었다고 본다.
④ 신고 없이 이루어진 행위라도 과태료부과대상이 될 수 없다.

05

다음 중 사인의 공법행위에 관한 내용으로 바르지 않은 것은? (다툼이 있는 경우 판례에 의함)

① 사직원 제출이 항거할 수 없는 강박에 따른 것이라면 사직원 제출은 무효이다.
② 진의 아닌 의사에 의하여 전역지원서를 제출한 것이라면 「민법」 제107조 제1항의 규정에 의해 지원서 제출은 무효이다.
③ 사인의 공법행위는 일반적으로 부관을 붙일 수 없다.
④ 사인의 공법행위도 원칙적으로 행위능력이나 의사능력을 요한다.

06

행정입법에 대한 설명으로 바르지 <u>않은</u> 것은? (다툼이 있는 경우 판례에 의함)

① 행정주체가 정하는 구체적·개별적 규범으로 처분성이 인정된다.
② 판례는 조례가 집행행위에 매개 없이 그 자체로서 직접 국민의 권익에 영향을 미치는 경우에 처분성을 인정한다.
③ 위임명령의 경우에 위임의 범위는 구체적으로 정해져야 하며 일반적·포괄적 위임은 위헌이다.
④ 법률의 위임에 의해 제정된 법규명령이라도 그 법률의 개정으로 위임 근거가 없어진 후에는 무효인 법규명령이 된다.

07

다음 중 행정규칙에 대한 설명으로 옳은 것은? (다툼이 있는 경우 판례에 의함)

① 구 「청소년 보호법」 제49조 제1항·제2항에 따른 같은 법 시행령 제40조 [별표 6]의 '위반행위의 종별에 따른 과징금 처분기준'은 법규명령이고 확정액을 규정한 것이다.
② 고시 또는 공고의 법적 성질은 일률적으로 판단될 것이 아니라 고시에 담긴 내용에 따라 구체적인 경우마다 달리 결정된다고 보아야 한다.
③ 상위법령에서 세부사항 등을 시행규칙으로 정하도록 위임하였지만 이를 고시 등 행정규칙으로 정한 경우 고시는 상위법과 결합하여 대외적 구속력을 가지는 법규명령으로서 효력을 갖는다.
④ 법령보충규칙은 상위법령과 결합하지 않더라도 그 자체로서 직접적인 대외적 구속력을 갖는다.

08

소위 복합민원제도인 인·허가의제제도에 관한 다음 설명으로 바르지 <u>않은</u> 것은? (다툼이 있는 경우 판례에 의함)

① 인·허가가 의제되는 건축신고는 행정청이 실체적 심사를 통해 수리를 하여야 하는 '수리를 필요로 하는 신고'이다.
② 인·허가의제제도는 민원인의 편의를 위한 제도로서 법적 근거 없이 가능하다.
③ 인·허가의제제도의 경우에는 관계 행정청간의 협의가 필요하다.
④ 의제되는 인·허가를 이유로 주된 인·허가가 거부되는 경우에 소송대상은 주된 인·허가의 거부가 된다.

09

다음 중 행정행위의 부관에 대한 설명으로 바르지 <u>않은</u> 것은? (다툼이 있는 경우 판례에 의함)

① 성질상 부당하게 짧은 기한은 허가조건의 존속기간이다.
② 부담을 제외하고는 부관만의 독립쟁송은 허용되지 않는다.
③ 기속행위에 부관을 붙이면 취소사유에 해당한다.
④ 부관의 사후변경은 사정변경으로 인하여 당초에 부담을 부가한 목적을 달성할 수 없게 된 경우에 그 목적달성에 필요한 범위 내에서 예외적으로 허용된다.

10

다음 중 하자의 승계가 인정되는 것은? (다툼이 있는 경우 판례에 의함)

① 개별공시지가 – 과세처분
② 직위해제처분 – 징계처분
③ 종전 상이등급 결정 – 상이등급 개정 여부에 관한 결정
④ 도시·군계획시설 결정 – 실시계획인가

11

다음 중 행정행위의 취소와 철회에 대한 설명으로 바르지 <u>않은</u> 것은? (다툼이 있는 경우 판례에 의함)

① 철회는 처분청에 의해 이루어지고 법령에 특별한 규정이 없는 한 감독청은 철회에 대한 권한이 없다.

② 철회는 주로 손해배상이 문제가 되고, 취소는 손실보상이 문제가 된다.

③ 취소나 철회는 그 대상이 수익적 처분인 경우에도 법적 근거 없이 가능하다.

④ 취소나 철회는 그 대상이 수익적 처분인 경우에는 신뢰보호나 과잉금지원칙 등에 의해 제한될 수 있다.

12

행정지도에 대한 내용 중 옳지 <u>않은</u> 것은? (다툼이 있는 경우 판례에 의함)

① 행정지도는 비권력적 사실행위로서 법적 근거 없이 가능하다.

② 행정지도는 일정한 경우에 헌법소원대상이 된다.

③ 행정지도가 강제성을 띠지 않은 비권력적 작용으로서 권한 범위 내에서 한계를 일탈하지 아니하였다고 해도, 그로 인하여 상대방에게 어떤 손해가 발생하였다면 손해배상책임이 있다.

④ 세무당국이 소외 회사에 대하여 원고와의 주류거래를 일정기간 중지하여 줄 것을 요청한 행위는 항고소송의 대상이 될 수 없다.

13

행정계획에 대한 설명으로 옳지 <u>않은</u> 것은? (다툼이 있는 경우 판례에 의함)

① 대법원은 행정주체가 구체적인 행정계획을 입안·결정함에 있어서 비교적 광범위한 형성의 자유를 가진다고 한다.

② 행정계획의 법적 성질에 관하여 여러 가지 견해가 대립하고 있으나, 행정계획은 다양한 형태와 내용을 포함하고 있으므로 그 법적 성질을 일률적으로 말하기는 어렵다.

③ 비구속적 행정계획안이라도 국민의 기본권에 직접적으로 영향을 끼치고 앞으로 법령의 뒷받침에 의하여 그대로 실시될 것이 틀림없을 것으로 예상되는 경우에는 예외적으로 헌법소원의 대상이 될 수 있다.

④ 도시계획구역 내 토지 등을 소유하고 있는 주민이라도 도시계획입안권자에게 도시계획의 입안을 요구할 수 있는 법규상·조리상 신청권은 없다.

14

행정정보공개제도에 대한 설명으로 옳지 <u>않은</u> 것은?

① 모든 국민은 정보공개청구권이 있다.

② 정보공개를 청구하여 거부가 있었다면 그 자체로서 행정소송을 청구할 수 있는 법률상 이익이 있다.

③ 이미 공개되어 인터넷 등의 검색으로도 알 수 있는 정보라도 정보공개를 청구할 수 있고 이에 대한 거부는 항고소송대상이 된다.

④ 공공기관의 정보공개신청에 대한 거부에 취소소송을 통해 인용이 확정되었음에도 공공기관이 정보를 공개하지 않아도 「행정소송법」상의 간접강제는 될 수 없다.

15

행정대집행에 대한 설명으로 옳지 <u>않은</u> 것은?

① 철거하명과 대집행 계고는 1장으로 동시에 가능하다는 것이 대법원의 입장이다.
② 대집행 절차에서 계고는 법률행위적 행정행위로서 하명에 해당한다.
③ 대집행요건이 충족된 경우에 대집행 여부는 재량이다.
④ 대집행비용은 의무자로부터 징수한다.

16

다음 중 「건축법」상 이행강제금에 대한 설명으로 옳지 <u>않은</u> 것은? (다툼이 있는 경우 판례에 의함)

① 이행강제금은 의무가 불이행이 계속되고 있다면 반복적으로 부과할 수 있다.
② 이행강제금은 대체적 작위의무의 불이행시에도 부과할 수 있다.
③ 이행강제금에 대한 일반적 규정은 없다.
④ 「건축법」상 이행강제금에 불복하는 경우에는 「비송사건절차법」상 구제절차에 의한다.

17

다음 중 「행정절차법」상 청문을 실시하지 않아도 되는 경우에 해당하는 것은?

① 다른 법령 등에서 청문을 하도록 규정하고 있는 경우
② 행정청이 인허가 등을 취소하는 처분의 경우
③ 행정청이 필요하다고 인정하는 경우
④ 당사자가 의견진술의 기회를 포기한다는 뜻을 명백히 표시한 경우

18

다음 중 「행정절차법」상의 사전통지와 의견청취에 대한 설명으로 거리가 <u>먼</u> 것은? (다툼이 있는 경우 판례에 의함)

① 특별한 사정이 없는 한 신청에 대한 거부처분은 사전통지대상이 되지 않는다.
② 군인사법령에 의하여 진급예정자명단에 포함된 자에 대하여 의견제출의 기회를 부여하지 아니한 채 진급선발을 취소하는 처분은 절차상 하자가 있어 위법하다.
③ 공사중지명령에 대한 사전통지를 하게 되면, 많은 보상금을 기대하고 공사를 강행할 우려가 있다면 사전통지나 의견청취는 배제할 수 있다.
④ 도로구역변경결정고시는 의견청취절차를 배제하여도 위법이라 할 수 없다.

19

다음 중 「국가배상법」 제5조에 대한 설명으로 옳지 <u>않은</u> 것은? (다툼이 있는 경우 판례에 의함)

① 「국가배상법」 제5조는 점유자 면책규정을 두고 있다.
② 영조물의 설치나 관리상의 하자를 판단함에 있어 원칙적으로 관리자의 고의나 과실은 고려하지 않는다.
③ 영조물의 설치·관리나 비용부담자가 서로 다른 경우에 피해자는 선택적으로 청구할 수 있다.
④ 영조물의 하자를 판단함에 있어 영조물의 완벽성 결여가 기준인 것은 아니다.

20

손실보상에 관한 다음 설명 중 옳지 <u>않은</u> 것은?

① 이주대책은 생활보상의 일환으로서 국가의 정책적 배려에 해당되며 입법자의 입법재량이다.
② 사업시행자에게 이주대책의 수립·실시의무를 부과하고 있으면 이주자는 수분양권이 발생하는 것이고 사업시행자의 확인·결정을 요하는 것은 아니다.
③ 잔여지 수용청구를 받아들이지 않은 토지수용위원회의 재결에 대하여 토지소유자가 불복하여 제기하는 소송은 '보상금의 증감에 관한 소송'에 해당하며 사업시행자를 피고로 하여야 한다.
④ 공익사업의 시행자는 법정이주대책대상자를 포함하여 그 밖의 이해관계인에게까지 대상자를 넓혀 이주대책 수립 등을 시행할 수 있다.

21

행정심판에 있어서 행정심판위원회는 심판청구가 이유 있다고 인정하는 경우에도 이를 인용(認容)하는 것이 공공복리에 크게 위배되는 경우 기각을 할 수 있는데, 이는 무엇인가?

① 사정재결　　　　② 인용재결
③ 각하재결　　　　④ 기각재결

22

행정심판의 재결의 효력에 대한 내용이 바르게 연결되지 <u>않은</u> 것은?

① 불가변력: 재결을 한 행정심판위원회는 스스로 변경이나 철회 등을 할 수 없는 효력이다.
② 형성력: 사정재결 등에 인정되는 효력이다.
③ 직접 강제력: 거부처분이나 부작위의 의무이행심판에서 인정되는 효력이다.
④ 기속력: 기각재결에는 인정되지 않는 효력이다.

23

다음 중 대법원에 의하면 항고소송대상인 처분에 해당하는 것은?

① 토지대장의 직권말소
② 한국마사회의 조교사 또는 기수면허 부여
③ 「병역법」상의 신체등위판정
④ 수도권매립지관리공사의 부정당업자의 제재적 행위로서 입찰참가자격 제한조치

24

다음 중 공무원과 관련된 내용으로 바르지 <u>않은</u> 것은? (다툼이 있는 경우 판례에 의함)

① 행정규칙에 의한 불문경고조치는 징계처분도 아니고 항고소송대상인 처분도 아니다.
② 교통법규 위반 운전자로부터 1만 원을 받은 경찰공무원을 해임처분한 것은 징계재량권의 일탈·남용이 아니다.
③ 공무원이 되기 전의 뇌물공여행위가 공무원으로서의 위신 또는 체면을 손상시켰다는 것을 사유로 한 징계처분은 위법하지 않다.
④ 결격자에 대한 임용은 국가의 과실로 그를 밝혀내지 못하였다고 해도 무효이다.

25

다음은 공물에 대한 설명이다. 바르지 <u>않은</u> 것은? (다툼이 있는 경우 판례에 의함)

① 행정재산의 매매는 그것이 관재당국의 착오에 의해 이루어진 것이라도 무효에 해당한다.
② 공물에 대한 공용폐지는 적법한 의사표시가 있어야 하는 것이지 본래 용도에 제공되지 않았다고 하여 공용폐지의 의사가 표시된 것이라 할 수 없다.
③ 도로점용에 대한 특별사용은 독점적·배타적 성질만 갖는다.
④ 행정청의 국유재산무단점유자에 대한 변상금부과행위는 항고쟁송대상인 처분이며 공법관계에 해당한다.

※ 2018년도 기출복원문제는 시험 응시자들과 집필진의 기억을 토대로 재구성되었습니다. 실제 기출문제와는 다소 차이가 있을 수 있음을 알려드립니다.

빠른 정답표 ▶ 분석해설편 P.1
정답과 해설 ▶ 분석해설편 P.69

2017.07.01. 국방부(육·해·공군) 시행

⏱ 적정시간 20분

	월 일		월 일		월 일
시작	:	시작	:	시작	:
종료	:	종료	:	종료	:
점수		점수		점수	

9급 군무원 행정법

1초 합격예측! 모바일 성적분석표

QR 코드로 접속하여 문제 풀이시간을 측정하고, 〈1초 합격예측 & 모바일 성적분석표〉 서비스를 통해 지금 바로! 실력을 점검해 보세요.
http://eduwill.kr/Bt36

01

통치행위에 관한 다음 설명 중 옳은 것은? (다툼이 있는 경우 판례에 의함)

① 대통령의 사면권 행사는 통치행위로 인정될 수 없다는 것이 일반적인 입장이다.
② 대통령의 서훈취소결정은 통치행위에 해당한다.
③ 대법원은 계엄선포를 통치행위로 인정했다.
④ 통치행위는 이로 인하여 직접 국민의 기본권 침해가 이루어졌다 해도 헌법소원의 대상으로 볼 수 없다.

02

다음 제시된 내용의 ㉠과 ㉡에 해당되는 행정법의 일반원칙을 ㉠과 ㉡의 순서대로 나열한 것은?

㉠ 행정청은 법령 등의 해석 또는 행정청의 관행이 일반적으로 국민들에게 받아들여졌을 때에는 공익 또는 제3자의 정당한 이익을 현저히 해칠 우려가 있는 경우를 제외하고는 새로운 해석 또는 관행에 따라 소급하여 불리하게 처리하여서는 아니 된다.
㉡ 경찰관의 직권은 그 직무 수행에 필요한 최소한도에서 행사되어야 하며 남용되어서는 아니 된다.

① 평등원칙, 신뢰보호원칙
② 부당결부금지원칙, 평등원칙
③ 비례원칙, 부당결부금지원칙
④ 신뢰보호원칙, 비례원칙

03

다음 공무수탁사인에 대한 설명 중 바르지 <u>않은</u> 것은?

① 판례는 소득세의 원천징수의무자를 공무수탁사인으로 인정하고 있다.
② 공무수탁사인의 처분은 행정쟁송의 대상이 되는 행정처분이다.
③ 교육법에 의하여 학위를 수여하는 시립대학 총장은 공무수탁사인에 해당하지 않는다.
④ 「국가배상법」에 의하면 공무수탁사인에 의한 위법한 직무수행의 경우에도 「국가배상법」이 적용되어 배상이 이루어질 수 있다.

04

다음의 특별권력관계가 상대방의 동의에 의해서 성립되는 경우, 나머지와 그 성질이 가장 <u>다른</u> 하나는?

① 군무원 채용관계의 설정
② 국공립대학교 입학관계
③ 국공립도서관 이용관계
④ 취학아동의 초등학교 입학

05

공법상 시효제도에 관한 설명으로 바르지 <u>않은</u> 것은? (다툼이 있는 경우 판례에 의함)

① 구 「예산회계법」 제98조에 의하여 법령의 규정에 의한 납입고지는 시효의 중단사유가 된다.
② 공법상 부당이득반환청구권은 원칙적으로 사권에 해당하므로 소멸시효는 10년이다.
③ 과세처분에 의한 부당이득의 경우에는 과세처분에 대한 취소소송의 청구는 부당이득반환청구의 시효중단 효과가 발생한다.
④ 국가에 대한 손해배상청구권의 시효는 3년이다.

06

다음 중 수리를 요하는 신고에 해당되지 <u>않는</u> 것은? (다툼이 있는 경우 판례에 의함)

① 골프장 회원모집계획서 제출
② 골재파쇄신고
③ 골프장 이용료 변경에 대한 신고
④ 유료노인복지주택의 설치신고

07

다음의 행정입법에 관한 내용으로 바르지 <u>않은</u> 것은? (다툼이 있는 경우 판례에 의함)

① 법령보충적 행정규칙은 근거법령의 위임에 따라 제정되어 그 자체만으로도 대외적 구속력을 가지는 것이지 근거법령과의 결합을 통해서만 비로소 대외적 구속력이 발생하는 것은 아니다.
② 법규명령에 대한 심사권에 대하여 헌법재판소에도 심사권이 있다는 것이 헌법재판소의 입장이나 대법원은 부정적인 입장이다.
③ 법규명령이 법률이나 헌법에 위반되었는지 여부가 재판에 전제된 경우 법원은 이에 대한 판단권이 있으나, 최종심사권은 대법원에 있다.
④ 법규명령은 국민의 구체적인 권리나 의무에 변동을 초래하는 항고쟁송대상인 처분이라고 보기 어렵다.

08

행정행위의 부관에 관한 다음 설명 중 옳은 것은? (다툼이 있는 경우 판례에 의함)

① 부담이 무효인 경우 부담의 이행으로 한 사법상 법률행위의 효력은 당연무효이다.
② 대법원에 의하면 기속에 붙은 부관은 법령에 특별한 규정이 없는 한 취소사유에 해당한다.
③ 법률효과의 일부배제는 법적 근거 없이 가능하다.
④ 행정행위의 부관은 행정행위의 조건, 기한 등을 법령이 직접 규정하고 있는 법정부관과 구별된다.

09

하자의 승계가 인정되는 것은? (다툼이 있는 경우 판례에 의함)

① 직위해제 – 직권면직
② 개별공시지가결정 – 양도소득세부과처분
③ 보충역 편입처분 – 사회복무요원 소집처분
④ 상이등급결정 – 상이등급 개정

10

다음 정보공개제도에 관한 설명 중 옳은 것은? (다툼이 있는 경우 판례에 의함)

① 단순히 상대방을 괴롭힐 목적으로 정보공개를 요청하는 경우에도 공공기관은 정보공개를 거부할 수 없다.
② 전자적 형태로 보유·관리하는 정보에 대하여 청구인이 전자적 형태로 공개하여 줄 것을 요청하는 경우에는 그 정보의 성질상 현저히 곤란한 경우를 제외하고는 청구인의 요청에 따라야 한다.
③ 이미 공개되어 인터넷 검색 등을 통해 알 수 있는 정보는 공공기관이 공개를 거부한다고 해도 취소를 구할 법률상 이익은 없다.
④ 공개청구의 대상이 되는 정보에 해당하는 문서는 반드시 원본이어야 한다.

11

다음 「공공기관의 정보공개에 관한 법률」에 관한 설명 중 ㉠~㉣에 들어갈 숫자로 옳은 것은?

> 공공기관은 정보공개청구를 받으면 그 청구를 받은 날부터 (㉠)일 이내에 공개 여부를 결정한다. 비공개결정 또는 부분 공개결정에 불복이 있거나, 정보공개청구 후 (㉡)일이 지나도록 결정이 없을 때에는, (㉢)일 이내에 해당 공공기관에 문서로 이의신청을 할 수 있다. 이의신청을 받은 공공기관은 (㉣)일 이내에 이에 대한 결정을 하여야 한다.

	㉠	㉡	㉢	㉣
①	10	20	30	7
②	10	10	30	10
③	20	20	10	10
④	10	10	10	7

12

건축물에 대해 행정청의 철거명령이 있는 경우 행정의 상대방이 취할 수 있는 실효적 조치로서 옳은 것은?

① 취소소송의 청구와 임시처분
② 부작위위법확인소송과 집행정지
③ 취소소송과 집행정지
④ 의무이행심판과 임시처분

13

다음 중 의무불이행의 방치가 심히 공익을 해칠 수 있어 대집행이 가능한 경우는?

① 불법증축한 부분을 철거할 경우 헬기의 안전 이착륙에 지장이 있게 되는 경우
② 건축허가 면적보다 0.02평방미터 초과한 불법증축의 경우
③ 무단증축된 부분이 기존 주택의 추녀 범위에서 약간 돌출된 것에 지나지 않은 경우
④ 개발제한구역 내 불법건축된 교회건물

14

다음 중 「질서위반행위규제법」상의 과태료에 대한 설명으로 바르지 않은 것은?

① 자신의 행위가 위법하지 아니한 것으로 오인하고 행한 질서위반행위는 그 오인에 정당한 이유가 있는 때에 한하여 과태료를 부과하지 아니한다.
② 신분에 의하여 성립하는 질서위반행위에 신분이 없는 자가 가담한 때에는 신분이 없는 자에 대하여도 질서위반행위가 성립한다.
③ 과태료는 행정청의 과태료 부과처분이나 법원의 과태료 재판이 확정된 후 3년간 징수하지 아니하거나 집행하지 아니하면 시효로 인하여 소멸한다.
④ 행정청이 질서위반행위에 대하여 과태료를 부과하고자 하는 때에는 미리 당사자에게 10일 이상의 기간을 정하여 의견을 제출할 기회를 주어야 한다.

15

다음의 행정작용에 관한 설명 중 옳은 것은? (다툼이 있는 경우 판례에 의함)

① 「행정절차법」상 처분의 사전통지의 대상에는 '신청에 대한 거부처분'이 포함되지 않는다.
② 법률에 따라 통고처분을 할 수 있으면 행정청은 통고처분을 하여야 하며, 통고처분 이외의 조치를 할 재량은 없다.
③ 신청에 대한 내용을 모두 인정하는 행정처분의 경우에도 행정의 상대방이 이유제시를 요청해 오면 이유제시를 하여야 한다.
④ 수익적 처분의 직권취소의 경우에는 중대한 공익적 사유가 취소원인이라고 해도 개별적 법적 근거 없이는 취소할 수 없다.

16

「행정절차법」상 청문의 실시에 대한 설명으로 바르게 된 것은?

① 인·허가의 취소처분의 의견제출기한 내에 청문신청이 있어도 개별법에 청문규정을 두고 있지 않다면 청문을 하지 않아도 된다.

② 행정청은 청문을 하려면 청문이 시작되는 날부터 7일 전까지 당사자 등에게 통지하여야 한다.

③ 법령상 청문규정이 있다면 행정청과 당사자 사이의 합의에 의해 청문절차를 배제하기로 협약을 두어 청문을 생략할 수 없다.

④ 소속 공무원은 청문주재자가 될 수 없다.

17

「국가배상법」에 대한 내용으로 바르지 <u>않은</u> 것은? (다툼이 있는 경우 판례에 의함)

① 구청 공무원의 시영아파트 입주권 매매행위는 「국가배상법」상의 직무에 해당한다.

② 공무원의 허위 확인행위로 인하여 매수인이 시영아파트 입주권을 취득하지 못하여 발생된 손해는 국가배상의 책임이 있다.

③ 의용소방대원은 「국가배상법」상의 공무원이 아니다.

④ 군인과 군무원의 경우 이중배상은 금지된다.

18

행정상 손실보상 청구에 관한 설명으로 바르지 <u>않은</u> 것은? (다툼이 있는 경우 판례에 의함)

① 사업으로 인한 개발이익을 배제하는 것은 헌법이 보장한 정당보상에 반한다.

② 대법원은 이주대책이 생활보상의 일환으로 마련된 제도라고 보고 있다.

③ 판례에 의하면 손실보상청구소송은 민사소송에 의하는 것이 원칙이다.

④ 징발물이 국유재산 또는 공유재산인 경우에는 보상을 하지 아니한다.

19

서울지방경찰청장의 서초경찰서장에 대한 내부위임 사무를 서초경찰서장이 적법하게 처분을 하였다면 이에 대한 취소소송의 피고는 누가 되는가?

① 국가
② 서울지방경찰청장
③ 서울
④ 서초경찰서장

20

다음 행정쟁송에 관한 설명으로 바르게 된 것은?

① 재결은 대법원 확정판결과 동일한 효력을 가진다.

② 소송요건은 사실심 변론종결시까지 보완될 수 있다.

③ 항고소송에서도 임시처분이 가능하다.

④ 원칙적으로 행정심판을 전치하지 않으면 행정소송을 청구할 수 없다.

21

다음 중 ㉠, ㉡에 들어갈 수 있는 내용으로 옳은 것은?

무효등확인소송	부작위법확인소송
취소소송의 규정 중 ① 필요적 행정심판전치주의 ② 제소기간의 제한 ③ 사정판결 등에 관한 규정은 준용되지 않는다.	취소소송의 규정 중 ① (㉠) ② (㉡) ③ 사정판결 등에 관한 규정은 준용되지 않는다.

① 필요적 행정심판전치주의, 제소기간의 제한

② 제소기간의 제한, 집행정지 결정

③ 처분변경으로 인한 소의 변경, 집행정지 결정

④ 제소기간의 제한, 처분변경으로 인한 소의 변경

22

법원의 판결의 효력 중 행정처분취소청구를 기각하는 판결이 확정된 경우에 당해 처분이 위법하지 아니하다는 점이 판결에서 확정된 이상 원고가 다시 이를 무효로 하여 무효확인소송을 제기할 수 없는데, 이는 판결의 효력 중 어느 것에 해당되는 것인가?

① 구속력 ② 기판력
③ 불가쟁력 ④ 형성력

23

다음 시보 임용기간 중에 있는 공무원에 관한 설명으로 바르게 된 것은?

① 시보로 임용된 공무원은 신분보장을 해 주지 않는다.
② 5급 공무원을 신규 채용하는 경우에는 6개월, 6급 이하의 공무원을 신규 채용하는 경우에는 3개월간 각각 시보로 임용한다.
③ 성실의 의무는 명문규정은 없지만 지켜야 한다.
④ 휴직한 기간, 직위해제기간 및 징계에 따른 정직이나 감봉처분을 받은 기간도 시보 임용기간에 넣어 계산한다.

24

「병역법」과 관련된 내용 중 바르지 않은 것은?

① 병역의무에 대한 특례를 인정하지 않고 있다.
② 강제징집의 형태를 띠고 있지만 지원 모집 방식이 없는 것은 아니다.
③ 예비군, 민방위도 국방의 의무에 포함된다.
④ 군의관의 신체등위판정에 대한 규정이 있으나 대법원은 신체등위판정은 항고쟁송대상인 처분이 아니라고 한다.

25

다음 병무청장과 관련된 내용 중 바르지 않은 것은?

> ㉠ 병역의 징집은 국가에 의해서 이루어진다.
> ㉡ 징집의무는 군의관의 신체등위판정에 의하지 않고 병무청장의 처분으로 구체화된다.
> ㉢ 병무청장도 중앙행정기관으로서 행정입법 중 부령제정권이 있다.
> ㉣ 병무청장은 국방부소속의 행정기관이다.

① ㉠, ㉡ ② ㉢
③ ㉢, ㉣ ④ ㉣

※ 2017년도 기출복원문제는 시험 응시자들과 집필진의 기억을 토대로 재구성되었습니다. 실제 기출문제와는 다소 차이가 있을 수 있음을 알려드립니다.

빠른 정답표 ▶ 분석해설편 P.1
정답과 해설 ▶ 분석해설편 P.79

2016

2016.07.02. 국방부(육·해·공군) 시행

⏱ 적정시간 17분

월 일	월 일	월 일
시작 :	시작 :	시작 :
종료 :	종료 :	종료 :
점수	점수	점수

9급 군무원 행정법

01

다음 중 통치행위에 관한 설명으로 바르지 않은 것은? (다툼이 있는 경우 판례에 의함)

① 남북정상회담은 사법심사하기 곤란한 이른바 통치행위에 해당한다.
② 국민의 기본권 침해와 직접 관련되는 경우에는 고도의 정치행위도 심사대상이 될 수 있다.
③ 대북송금행위는 통치행위와 관련되어 사법심사 대상이 될 수 없다.
④ 국헌문란 목적의 계엄선포 확대행위는 통치행위라 할 수 없다.

02

다음 중 변상금에 대한 설명으로 옳지 않은 것은? (다툼이 있는 경우 판례에 의함)

① 판례는 변상금 부과처분을 행정처분으로 보고 있다.
② 국유재산의 무단점유자에 대한 변상금의 징수는 기속행위이다.
③ 국유재산 무단점유자에 대하여 변상금을 부과하면서 동시에 민사상의 부당이득반환청구소송을 할 수는 없다.
④ 변상금 부과처분에 대한 취소소송을 청구한다고 해도 변상금 부과처분에 대한 시효의 중단은 없다.

03

개인적 공권에 대한 설명으로 바르지 않은 것은? (다툼이 있는 경우 판례에 의함)

① 국가유공자로 보호받을 권리는 일신전속적인 권리이므로 상속의 대상이 되지 않는다.
② 종전의 석유판매업자의 부정휘발유 판매를 이유로 이를 양수한 자에 대하여 제재적 처분을 하는 것은 허용되지 않는다.
③ 개인적 공권은 원칙적으로 포기할 수 없다.
④ 공권은 사권에 비해 일반적으로 시효가 짧다.

04

특별권력관계에 대한 설명으로 바르지 않은 것은?

① 전통적인 특별권력관계의 특징으로 법률유보의 원칙은 제한되나 사법심사는 폭넓게 인정된다.
② 공무원의 면직은 권리주체의 일방적 배제에 의해 특별권력관계가 소멸되는 경우를 말한다.
③ 오늘날 특별권력관계에서도 사법심사가 가능하다고 보는 것이 일반적이다.
④ 특별권력관계에서도 법률우위는 적용된다.

05

다음 중 포괄적 위임금지의 원칙에 대한 설명으로 옳지 <u>않은</u> 것은? (다툼이 있는 경우 판례에 의함)

① 자치적 사항에 대한 조례로의 법률의 위임은 포괄적일 수 있다.
② 공법적 단체 등의 정관에 대한 자치법적 사항의 위임이라도 국민의 권리·의무에 관한 본질적이고 기본적인 사항은 국회가 정하여야 한다.
③ 구체적인 위임의 정도는 종합적으로 판단하여야 할 것이다.
④ 일반적인 급부행정법규는 처벌법규나 조세법규의 경우보다 그 위임의 요건과 범위가 더 엄격하게 제한적으로 규정되어야 한다.

06

기속행위와 재량행위에 대한 설명으로 바르지 <u>않은</u> 것은? (다툼이 있는 경우 판례에 의함)

① 재량행위의 경우 법원은 독자의 결론을 도출함이 없이 당해 행위에 재량권의 일탈·남용이 있는지 여부만을 심사한다.
② 「대기환경보전법」상 배출시설의 설치에 대한 주무관청의 허가는 기속행위이므로 공익상 문제가 있더라도 허가하여야 한다.
③ 법률에서 정한 귀화요건을 갖춘 귀화신청에 대하여 법무부장관이 귀화를 허가할 것인지 여부는 재량행위에 해당한다.
④ 재량과 기속의 판단은 개별적인 사안에 따라 구체적으로 판단되어야 한다.

07

판단여지와 재량에 대한 설명 중 바르지 <u>않은</u> 것은?

① 재량은 법률효과에서 인정되고 판단여지는 요건의 불확정개념에 대한 문제이다.
② 판단여지설의 입장도 원칙적으로 요건의 불확정개념은 사법심사가 된다고 한다.
③ 구 「전염병예방법」에 따른 예방접종으로 인한 질병, 장애 또는 사망의 인정 여부 결정은 보건복지부장관의 재량이 인정되지 않는다.
④ 대법원은 판단여지에 대하여 소극적인 입장이다.

08

다음 중 행정행위의 효력에 대한 설명으로 옳지 <u>않은</u> 것은? (다툼이 있는 경우 판례에 의함)

① 행정행위가 취소된 경우에도 구속력에 의해 행정청 등을 구속한다.
② 과세처분에 대한 부당이득의 경우에는 처분이 무효이거나 취소되지 않는 한 부당이득이 발생하지 않는다.
③ 무효인 행정행위에는 불가쟁력이 발생하지 않는다.
④ 일정한 행정행위는 흠이 있더라도 처분청이 사후에 직권으로 자유로이 취소·변경할 수 없는 불가변력이 있다.

09

행정행위의 하자에 관한 설명으로 옳지 <u>않은</u> 것은? (다툼이 있는 경우 판례에 의함)

① 음주운전을 단속한 경찰관 명의로 행한 운전면허정지처분은 무효사유에 해당한다.
② 행정처분에 대하여 그 행정처분의 근거가 된 법률이 위헌이라는 이유로 무효확인청구의 소가 제기된 경우에는 다른 특별한 사정이 없는 한 법원으로서는 그 법률이 위헌인지 여부에 대하여는 판단할 필요 없이 그 무효확인청구를 각하하여야 한다.
③ 무효와 취소의 구별기준에 관하여는 중대명백설이 대법원 판례의 원칙적인 입장이다.
④ 법률이 위헌으로 결정된 후 그 법률에 근거하여 발령되는 행정처분은 위헌결정의 기속력에 반하므로 그 하자가 중대하고 명백하여 당연무효가 된다.

10

행정행위의 직권취소에 대한 설명으로 옳지 <u>않은</u> 것은?

① 불가쟁력이 발생한 이후에도 당해 행정행위의 위법을 이유로 직권취소할 수 있다.
② 과세관청은 하자를 시정하기 위하여 부과의 취소를 다시 취소함으로써 원부과처분을 소생시킬 수 없다.
③ 직권취소에 법적 근거는 필요없다.
④ 직권취소는 「행정절차법」상 처분의 절차가 적용되지 않는다.

11

공법상 계약에 대한 설명으로 바르지 않은 것은?

① 공법상 계약은 동일한 방향의 의사합치가 성립요건이고, 공법상 합동행위는 반대 방향의 의사합치가 성립요건이다.
② 공법상 계약은 원칙적으로 비권력적 행정영역에서 법률상 근거 없이도 체결이 가능하다.
③ 공법상 계약의 해지는 행정처분이 아니므로 「행정절차법」을 따르지 않아도 된다.
④ 공법상 계약에는 공정력이 인정되지 않는다.

12

다음 행정계획의 형량명령에 관한 설명으로 바르지 않은 것은?

① 행정계획에서 사업승인과 관련된 결정을 할 때 이익형량을 전혀 하지 않은 경우 형량의 하자로 인하여 위법한 결정이 된다.
② 이익형량의 고려대상에 당연히 포함시켜야 할 사항을 누락한 경우 형량의 하자로 인하여 위법하게 된다.
③ 이익형량을 하였으나 정당한 객관성이 결여된 사업승인 결정은 형량의 하자로 인하여 위법하다.
④ 사업승인과 관련하여 이익을 형량한 결과 공익에 해가 가지 않을 정도의 경미한 흠이 있더라도 이러한 흠이 있는 사업승인은 무조건 취소하여야 한다.

13

정보공개제도에 대한 내용으로 바르지 않은 것은?

① 공공기관은 이의신청을 받은 날부터 7일 이내에 그 이의에 대해 결정하고 그 결과를 청구인에게 지체 없이 문서로 통지하여야 한다.
② 정보공개에 관한 결정에 불복이 있는 자는 이의신청절차를 거치지 않고도 행정심판을 청구할 수 있다.
③ 공개될 경우 부동산 투기, 매점매석 등으로 특정인에게 이익 또는 불이익을 줄 우려가 있다고 인정되는 정보는 비공개 대상 정보이다.
④ 학술·연구를 위해 일시 방문 중인 외국인은 정보공개를 청구할 수 없다.

14

다음 중 「행정절차법」상 명문규정이 있는 것으로만 묶인 것은?

㉠ 철회 및 직권취소	㉡ 행정계획
㉢ 고지규정	㉣ 온라인공청회
㉤ 공법상 계약	

① ㉠, ㉡, ㉤
② ㉠, ㉢
③ ㉡, ㉣
④ ㉢, ㉣

15

「행정절차법」상 행정절차에 관한 사항으로 바르지 않은 것은?

① 행정청이 전자문서로 처분을 하는 경우에는 당사자 등의 동의가 있어야 한다.
② 「행정절차법」은 청문주재자의 제척·기피·회피에 관하여 명문규정을 두고 있다.
③ 「행정절차법」상의 '의견제출'에는 공청회와 청문이 포함된다.
④ 「도로법」 제25조 제3항에 의한 도로구역변경고시는 「행정절차법」상 사전통지나 의견청취의 대상이 되는 처분에 해당하지 않는다.

16

행정심판에 대한 설명으로 바르지 않은 것은?

① 행정심판의 청구는 서면으로 하여야 한다.
② 심판청구는 처분의 효력이나 그 집행 또는 절차의 속행에 영향을 주지 않는다.
③ 행정심판은 정당한 이익이 있는 자에 한하여 제기할 수 있다.
④ 행정심판에서도 사정재결이 가능하다.

17

다음 중 소의 이익이 인정되지 <u>않는</u> 것은? (다툼이 있는 경우 판례에 의함)

① 현역입영대상자가 입영한 후에 현역병입영통지처분의 취소를 구하는 경우

② 공익근무요원의 소집해제신청이 거부되어 계속 근무하였고 복무기간 만료로 소집해제처분을 받은 후에 위 거부처분의 취소를 구하는 경우

③ 행정처분의 효력기간이 경과하였다고 하더라도 그 처분을 받은 전력이 장래에 불이익하게 취급되는 것으로 법정(법률)상 가중요건으로 되어 있고, 법정가중요건에 따라 새로운 제재적인 행정처분이 가해지고 있는 경우

④ 대학입학고사 불합격처분의 취소를 구하는 소송계속 중 당해 연도의 입학시기가 지나버린 경우

18

다음 설명 중 바르지 <u>않은</u> 것은? (다툼이 있는 경우 판례에 의함)

① 과세처분이 있은 후 당초 과세처분에 대한 증액경정처분이 있는 경우, 당초 처분은 증액경정처분에 흡수되어 당연히 소멸한다.

② 과세처분이 있은 후 증액경정처분이 있는 경우 그 증액경정처분만이 쟁송의 대상이 된다.

③ 공정거래위원회가 부당한 공동행위를 한 사업자에게 과징금 부과처분(선행처분)을 한 뒤, 다시 자진신고 등을 이유로 과징금 감면처분(후행처분)을 한 경우, 선행처분의 취소를 구하는 소는 적법하다.

④ 행정청이 과징금 부과처분을 하였다가 감액처분을 한 것에 대하여 그 감액처분으로도 아직 취소되지 않고 남아 있는 부분이 위법하다고 하여 다투는 경우 항고소송의 대상은 취소되지 않고 남은 부분이고 감액처분이 항고소송의 대상이 되는 것은 아니다.

19

다음 중 공물(영조물)과 관련된 국가배상에 대한 설명이 바르지 <u>않은</u> 것은? (다툼이 있는 경우 판례에 의함)

① 예산부족 등의 재정적 제약은 참작사유는 될지라도 면책될 수는 없다.

② '공공의 영조물'이란 국가의 소유물에 한하지 않는다.

③ 「국가배상법」상 공물의 설치나 관리상 하자에 대한 책임은 무과실책임이다.

④ 판례는 도로의 1차선상에 교통사고의 원인이 될 수 있는 크기의 돌멩이가 방치되어 있어도 도로의 관리·보존상의 하자가 있지 않다는 입장이다.

20

다음 중 「질서위반행위규제법」상 과태료에 대한 설명으로 바르지 <u>않은</u> 것은?

① 과태료의 부과에는 그 위반자의 고의·과실을 요하지 않는다.

② 과태료 부과처분은 행정소송의 대상이 되는 행정처분은 아니다.

③ 과태료 재판은 검사의 명령으로써 집행한다.

④ 과태료 재판의 관할은 당사자주소지가 된다.

21

다음의 조세행정에 대한 내용 중 바르지 <u>않은</u> 것은? (다툼이 있는 경우 판례에 의함)

① 비과세관행의 성립에 대한 행정선례법이 「국세기본법」에 규정되어 있다.

② 조세에 관한 사항은 「행정조사기본법」이 적용되지 않는다.

③ 세액의 산출근거가 기재되지 아니한 납세고지서에 의한 부과처분은 그 후 부과된 세금을 자진납부하면 치유된다.

④ 세무조사결정은 항고소송대상인 처분이다.

22

다음 중 행정상 손실보상에 대한 설명으로 옳은 것은?

① 재산권 자체에 내재된 사회적인 제약의 경우에도 원칙적으로 보상이 필요하다.

② 손실보상은 적법행위로 인한 경우뿐만 아니라 위법행위로 인한 피해도 그 보상의 대상으로 하고 있다.

③ 손실보상은 재산상 손실에 대한 보상뿐만 아니라 생명·신체의 침해에 대한 보상도 포함한다.

④ 민간사업시행자도 손실보상의 주체가 될 수 있다.

23

행정심판에 대한 설명으로 바르지 않은 것은?

① 행정심판의 재결에 대해서는 재결 자체에 고유한 위법이 있음을 이유로 하는 경우에 한하여 다시 행정심판을 청구할 수 있다.

② 기속력은 인용재결에만 발생하고 각하재결이나 기각재결에는 발생하지 않는다.

③ 임시처분은 집행정지와 보충성의 관계이다.

④ 재결도 행정행위이므로 공정력 등의 행정행위의 일반적 효력을 갖는다.

24

행정소송에 대한 설명으로 옳지 않은 것은? (다툼이 있는 경우 판례에 의함)

① 소송비용은 원칙적으로 패소자가 부담한다.

② 사정판결에 관한 「행정소송법」 규정은 무효등확인소송에는 준용되지 않는다.

③ 중앙노동위원회의 처분에 대한 항고소송의 피고는 중앙노동위원회장이 된다.

④ 무효등확인소송에도 거부처분취소판결의 간접강제에 관한 규정이 준용된다.

25

다음 중 공무원의 징계에 대한 설명으로 옳지 않은 것은? (다툼이 있는 경우 판례에 의함)

① 직위해제처분과 징계처분 사이에는 하자가 승계되지 않는다.

② 공무원의 징계에 대하여 전면적으로 「행정절차법」이 배제되는 것은 아니다.

③ 공무원이 징계에 불복하는 경우 소청심사위원회의 심사·결정을 거치지 아니하면 바로 행정소송을 제기할 수 없다.

④ 계약직 공무원의 보수를 삭감하는 것은 「지방공무원법」의 절차를 거치지 않아도 가능하다.

※ 2016년도 기출복원문제는 시험 응시자들과 집필진의 기억을 토대로 재구성되었습니다. 실제 기출문제와는 다소 차이가 있을 수 있음을 알려드립니다.

빠른 정답표 ▶ 분석해설편 P.1
정답과 해설 ▶ 분석해설편 P.90

2015

2015.07.04. 국방부(육·해·공군) 시행

⏱ 적정시간 16분

월 일	월 일	월 일
시작 :	시작 :	시작 :
종료 :	종료 :	종료 :
점수	점수	점수

9급 군무원 행정법

01

통치행위에 대한 설명으로 **틀린** 것은? (다툼이 있는 경우 판례에 의함)

① 외국에의 국군 파견결정은 고도의 정치적 결단이 요구되는 사안이다.

② 헌법재판소는 통치행위일지라도 그것이 국민의 기본권 침해와 직접 관련되는 경우에는 당연히 헌법재판의 심판 대상이 된다고 본다.

③ 남북정상회담의 개최는 통치행위에 해당되어 이와 관련하여 북한으로 송금한 행위도 사법심사의 대상이라 보기 어렵다.

④ 비상계엄의 선포나 확대가 국헌문란의 목적이었다면 통치행위라 볼 수 없다.

02

다음 중 판례에 따를 때 공법관계에 해당되지 **않는** 것은?

① 국유잡종재산(현 일반재산) 대부행위와 그의 납부고지

② 수도의 이용관계

③ 국가나 지방자치단체와 청원경찰의 근무관계

④ 서울시의 입찰참가자격 제한 조치

03

다음 중 행정개입청구권에 대한 내용으로 바르지 **않은** 것은? (다툼이 있는 경우 판례에 의함)

① 행정개입청구권은 재량에서 인정될 수 없고, 재량권이 '0'으로 수축되는 경우에 비로소 가능해진다.

② 우리의 경우에는 의무이행소송이 없어 완벽하게 구현되기는 곤란한 점이 있다.

③ 행정개입청구권은 사전예방적 성격을 갖고 있지만, 사후구제적 성격은 갖고 있지 않다.

④ 행정개입청구권은 실질적·실체적 권리이다.

04

다음 중 법규명령에 관한 설명으로 바르지 **않은** 것은? (다툼이 있는 경우 판례에 의함)

① 위임명령과 집행명령은 상위법에 의한 구체적 위임이 있는 경우에 제정될 수 있다.

② 처벌법규의 위임은 급부적인 영역의 법규적 사항보다 구체성이 엄격하게 요구된다.

③ 위임명령은 상위법령의 폐지로써 소멸된다.

④ 대통령령은 법제처심사와 국무회의심의 절차를 준수하여야 한다.

05

다음 중 위임입법의 한계에 대한 설명으로 바르지 않은 것은? (다툼이 있는 경우 판례에 의함)

① 하위법규에서 상위법과의 위임관계를 명시하지 않으면 위임관계가 인정될 수 없다.
② 입법사항을 대통령령이 아닌 총리령이나 부령에 위임할 수 있다.
③ 대법원은 예시적 위임도 가능하다고 판시하였다.
④ 국회전속적 사항이라고 해서 반드시 법률로서만 제정되어야 함을 의미하지는 않는다.

06

다음 중 행정입법에 관한 설명으로 바르지 않은 것은? (다툼이 있는 경우 판례에 의함)

① 법률의 위임에 의해 제정된 법규명령이라도 그 법률의 개정으로 위임 근거가 없어진 후에는 무효인 법규명령이 된다.
② 치과전문의 시험제도 실시를 위해 구체적인 시행규칙 제정이 필요하다 하여 이에 대한 입법부작위를 위헌·위법이라 하기 어렵다.
③ 행정입법부작위를 이유로 한 부작위위법확인소송은 인정할 수 없다는 것이 대법원의 입장이다.
④ 국회는 「국회법」상 제출제도를 통하여 행정입법에 대한 통제를 할 수 있다.

07

기속행위와 재량행위에 관한 설명으로 바르지 않은 것은? (다툼이 있는 경우 판례에 의함)

① 재량행위에 대한 사법심사의 경우 법원은 독자의 결론을 도출함 없이 당해 행위에 재량권의 일탈·남용의 여부만을 심사한다.
② 기속행위와 재량행위의 구분은 당해 행위의 근거가 된 법규의 체제·형식과 그 문언, 당해 행위가 속하는 행정분야의 주된 목적과 특성, 당해 행위 자체의 성질과 유형 등을 모두 고려하여 판단하여야 한다.
③ 판례는 교과서 검정을 재량행위로 보았다.
④ 행정법규 위반에 대한 행정질서벌·행정형벌의 구분은 입법부의 정책적 재량이라 할 수 없고, 사법부에 의한다.

08

다음 중 재량권에 대한 설명으로 바르지 않은 것은? (다툼이 있는 경우 판례에 의함)

① 이해관계인에 대한 행정처분의 이유제시는 「행정절차법」상의 문제이며 재량에 대한 통제방식이기도 하다.
② 생물학적 동등성 시험자료에 조작이 있음을 이유로 해당 의약품의 회수·폐기를 명한 처분에 어떠한 재량권의 일탈·남용이 있다고 할 수는 없다.
③ 「여객자동차운수사업법」에 의한 개인택시운송사업면허는 특정인에게 특정한 권리나 이익을 부여하는 행정행위로서 법령에 특별한 규정이 없는 한 재량행위이지만, 그 면허를 위하여 필요한 기준을 정하는 것은 행정청의 재량이 아니다.
④ 행정청이 정한 면허기준의 해석상 당해 신청이 면허발급의 우선순위에 해당함에도 불구하고 면허거부처분을 한 경우 재량권의 남용이 인정된다.

09

다음 강학상 형성적 행정행위에 대한 설명 중 바르지 않은 것은? (다툼이 있는 경우 판례에 의함)

① 도시환경정비사업조합설립인가에서의 인가처분은 기본적인 법률행위인 조합설립행위에 대한 보충행위로서의 성질을 가진다.
② 법적 지위를 형성하는 귀화허가는 강학상 특허의 성질을 갖는 것이고, 이에 재량의 성질을 갖는다.
③ 건축허가는 자연적인 자유를 회복시켜 주는 명령적 행정행위에 해당하는 것이지, 형성적 처분이라고 볼 수 없다.
④ 강학상 인가대상은 법률행위에 한한다.

10

다음 중 행정행위의 부관에 대한 설명으로 바르지 <u>않은</u> 것은? (다툼이 있는 경우 판례에 의함)

① 하천점용허가를 함에 있어서 철회권을 유보한 경우에도 행정청이 언제나 자유로이 철회권을 행사할 수 있는 것은 아니다.
② 행정행위 효력의 소멸을 장래의 불확실한 사실에 의존시키는 부관을 해제조건이라 한다.
③ 기속행위에만 부관을 붙일 수 있고 재량행위에는 부관을 붙일 수 없다.
④ 부담은 독립하여 행정소송의 대상이 될 수 있다는 것이 판례의 입장이다.

11

다음 중 행정계획에 대한 설명으로 옳은 것은? (다툼이 있는 경우 판례에 의함)

① 문화재보호구역 내의 토지소유자가 문화재보호구역의 지정해제를 신청하는 경우에는 그 신청인에게 조리상 행정계획 변경을 신청할 권리가 인정될 수 없다.
② 처분적 성질의 행정계획에 대하여는 행정쟁송제기가 가능하다.
③ 행정계획은 그 절차적 통제가 중요한 의미를 가지기 때문에 우리 「행정절차법」에도 이에 관한 규정을 마련하고 있다.
④ 계획재량은 형성의 자유가 인정되는 법률로부터 자유로운 행위의 일종이다.

12

다음 중 행정계획에 대한 내용으로 바르지 <u>않은</u> 것은? (다툼이 있는 경우 판례에 의함)

① 비구속적 행정계획도 헌법소원대상이 될 수 있다.
② 구 「도시계획법」상 도시기본계획은 일반 국민에 대한 직접적 구속력을 가진다.
③ 계획재량은 불확정적인 개념 사용의 필요성이 행정재량보다 더 많다.
④ 목적 – 수단 모형으로 목적프로그램이다.

13

다음 중 정보공개제도에 대한 내용으로 바르지 <u>않은</u> 것은? (다툼이 있는 경우 판례에 의함)

① 헌법상 표현의 자유 등으로부터의 알 권리는 정보공개청구권에 대한 근거가 된다.
② 청구대상정보를 기재할 때는 사회일반인의 관점에서 청구대상정보의 내용과 범위를 확정할 수 있을 정도로 특정하여야 한다.
③ 지방자치단체는 그 소관 사무에 관하여 법령의 범위에서 정보공개에 관한 조례를 정할 수 있다.
④ 「보안관찰법」 소정의 보안관찰 관련 통계자료는 「공공기관의 정보공개에 관한 법률」상의 공개대상정보에 해당한다.

14

다음 중 이행강제금에 대한 설명으로 바르지 <u>않은</u> 것은? (다툼이 있는 경우 판례에 의함)

① 「건축법」상의 이행강제금은 항고소송대상인 처분이다.
② 이행강제금은 반복부과가 가능하나, 무제한은 아니다.
③ 이행강제금은 일신전속적인 행정처분은 아니므로 상대방의 사망으로서 승계가 이루어진다.
④ 대집행이나 직접강제와 같은 직접적인 실력행사가 아닌 간접적·심리적 강제에 해당한다.

15

다음 중 「행정절차법」의 내용으로 바르지 <u>않은</u> 것은?

① 침익적 처분은 국민의 권익을 제한하는 행정으로서 예외 없이 사전통지를 하여야 한다.
② 청문은 행정청이 어떠한 처분을 하기에 앞서 당사자 등의 의견을 직접 듣고 증거를 조사하는 절차를 말한다.
③ 이유제시는 단순히 처분의 근거가 되는 법령뿐만 아니라 구체적인 사실과 당해 처분과의 관계가 적시되어야 한다.
④ 신청에 대한 내용을 모두 인정하는 처분은 이유제시를 하지 않아도 된다.

16

행정대집행에 대한 설명 중 바르지 <u>않은</u> 것은? (다툼이 있는 경우 판례에 의함)

① 대집행은 철거하명에 불가쟁력이 발생하기 이전에도 요건이 충족되면 실행이 가능하다.
② 감독청은 대집행의 주체가 될 수 없다.
③ 대집행 요건의 주장·입증책임은 처분 행정청에 있다.
④ 제2차, 제3차 계고처분은 각각 그 처분성이 인정된다.

17

다음 행정심판에 대한 내용으로 바르지 <u>않은</u> 것은? (다툼이 있는 경우 판례에 의함)

① 대통령의 처분과 부작위는 행정심판대상이 되지 않는다.
② 의무이행심판에서는 집행정지가 부정된다.
③ 우리나라는 취소심판과 함께 의무이행심판, 무효등확인심판, 부작위위법확인심판이 인정되고 있다.
④「행정심판법」에는 당사자심판을 규정하고 있지 않다.

18

행정심판의 재결에 대한 설명 중 바르지 <u>않은</u> 것은? (다툼이 있는 경우 판례에 의함)

① '재결'이란 행정심판의 청구에 대하여 행정심판위원회가 행하는 판단을 말한다.
② 행정심판위원회는 심판청구의 대상이 되는 처분보다 청구인에게 불이익한 재결을 하지 못한다.
③ 피청구인인 행정청이 인용재결이나 기각재결의 내용을 따르지 않는다면 이는 위법으로서 무효에 해당한다.
④ 행정심판위원회는 심판청구의 대상이 되는 처분이나 부작위 외에 대해서는 재결하지 못한다.

19

다음 중 항고소송대상인 처분으로 인정되지 <u>않는</u> 것은? (다툼이 있는 경우 판례에 의함)

① 금융기관의 임원에 대한 금융감독원장의 문책경고
② 어업권면허에 선행하는 우선순위결정
③ 건축주 명의변경신고 거부처분
④ 지적 소관청의 토지분할신청 거부행위

20

다음 중 항고소송대상인 처분으로 볼 수 <u>없는</u> 것은? (다툼이 있는 경우 판례에 의함)

① 세무조사결정
② 횡단보도의 설치
③ 한국자산공사의 공매통지
④ 서울교육대학장의 학생에 대한 퇴학처분

21

행정소송의 피고적격에 대한 내용으로 바르지 <u>않은</u> 것은?

① 지방세에 대한 취소소송에는 세무서장이 피고가 될 수 없다.
② 세무서장이 압류한 재산의 공매를 성업공사(현 한국자산관리공사)로 하여금 대행하게 했다면 피고는 성업공사이다.
③ 조례가 항고소송의 대상이 되는 경우 조례를 제정한 지방의회가 피고가 된다.
④ 공정거래위원회의 과징금부과처분에 대한 피고는 공정거래위원장이 아니다.

22

다음 중 당사자소송에 해당되는 것은? (다툼이 있는 경우 판례에 의함)

① 서울시립무용단원에 대한 일방적인 해촉에 대한 소송
② 공법상 부당이득반환청구소송
③ 공무원연금관리공단의 급여결정에 대한 소송
④ 국유임야 대부시 대부료 부과처분에 대한 소송

23

다음 중 부작위위법확인소송에 대한 설명으로 바르지 않은 것은? (다툼이 있는 경우 판례에 의함)

① 부작위위법확인소송에서는 사정판결이 인정되지 못한다.
② 부작위위법확인소송은 법령규정에 따라 정당한 신청권이 부여된 자에 한하여 원고적격이 인정된다.
③ 부작위위법확인소송에서의 위법판단의 기준시는 처분시가 아니다.
④ 부작위의 정당화사유에 대해서는 행정청이 주장·입증책임을 진다.

24

다음 중 지방자치단체에 관한 설명으로 바르지 않은 것은? (다툼이 있는 경우 판례에 의함)

① 지방자치단체의 장은 법령이나 조례가 위임한 범위에서 그 권한에 속하는 사무에 관하여 규칙을 제정할 수 있다.
② 지방자치단체의 장은 조례안을 이송받으면 관보나 공보, 인터넷을 통해 20일 이내에 공포하여야 한다.
③ 지방자치단체장의 요구에 대하여 재의한 결과 재적의원 과반수의 출석과 출석의원 3분의 2 이상의 찬성으로 전과 같은 의결을 하면 그 의결사항은 확정된다.
④ 조례와 규칙은 특별한 규정이 없으면 공포한 날로부터 20일이 지나면 효력을 발생한다.

25

다음 중 공물의 시효취득에 대한 내용으로 바르지 않은 것은? (다툼이 있는 경우 판례에 의함)

① 공물에 대한 공용폐지는 명시적인 의사표시뿐만 아니라 묵시적인 의사표시도 가능하다.
② 「국유재산법」상 국유재산에 대한 취득시효가 완성되기 위해서는 그 국유재산이 취득시효기간 동안 계속하여 시효취득의 대상이 될 수 있는 일반재산이어야 하는 것은 아니다.
③ 국가 또는 공공단체의 소유재산으로서 그 행정목적을 위하여 공용되어 있는 부동산은 공용폐지처분이 없는 한 취득시효완성으로 인한 소유권취득의 대상이 될 수 없다.
④ 공물로서의 기능을 상실하였다고 해서 곧바로 취득시효 대상이 되는 것은 아니다.

※ 2015년도 기출복원문제는 시험 응시자들과 집필진의 기억을 토대로 재구성되었습니다. 실제 기출문제와는 다소 차이가 있을 수 있음을 알려드립니다.

빠른 정답표 ▶ 분석해설편 P.1
정답과 해설 ▶ 분석해설편 P.100

에듀윌이
너를
지지할게

ENERGY

성공은 우리가 생각하는
자신의 모습을 끌어올리는 것에서
시작한다.

– 덱스터 예거(Dexter Yager)

월	일	월	일	월	일
시작 :		시작 :		시작 :	
종료 :		종료 :		종료 :	
점수		점수		점수	

9급 군무원 행정법

01

다음 중 행정의 개념에서 실질적·형식적 두 가지 의미를 모두 만족시키는 것은?

① 행정청이 행하는 통고처분
② 소청심사위원회의 재결
③ 대통령의 대법원장 임명
④ 대통령령 법규명령의 제정

02

다음 중 통치행위에 대한 설명으로 옳지 않은 것은?

① '통치행위'란 대통령이나 국회가 행하는 행위 가운데 고도의 정치성을 띤 행위를 의미한다.
② 통치행위라 하더라도 국회에 의해 정치적 통제의 대상이 된다.
③ 판례에서는 한일국교정상화사건에서 계엄선포는 통치행위임에도 불구하고 사법심사를 인정하였다.
④ 남북정상회담의 개최는 통치행위이나 대북송금행위는 통치행위가 아니라고 보았다.

03

다음의 ( )에 순서대로 들어갈 행정법상의 개념은?

> X시장은 주택사업계획승인에 A의 주택사업계획과는 아무런 관련이 없는 토지를 기부채납하도록 하는 부관을 붙임으로써 ( )에 반하는 처분으로서 ( )에 해당한다.

① 부당결부금지의 원칙 – 취소
② 평등의 원칙 – 무효
③ 신뢰보호의 원칙 – 무효
④ 비례의 원칙 – 취소

04

다음 중 비례의 원칙을 위반한 사례가 아닌 것은? (다툼이 있는 경우 판례에 의함)

① 주유소 영업의 양도인이 유사휘발유를 판매한 바를 모르고 이를 양수한 석유판매영업자에게 전 운영자의 위법사유를 들어 사업정지기간 중 최장기인 6월의 영업정지처분을 한 사례
② 자신의 집 앞 도로에서 다른 차량의 통행을 위한 음주운전행위에 대한 운전면허 취소
③ 공무원이 단 1회 총리훈령을 위반하여 요정출입을 하였다는 이유의 파면처분을 받은 사례
④ 청소년유해매체물로 결정·고시된 만화인 사실을 모르고 있던 도서대여업자가 그 고시일로부터 8일 후에 청소년에게 그 만화를 대여한 것을 사유로 금 700만 원의 과징금을 부과받은 사례

05

다음 중 행정규칙인 재량준칙이 법규성을 가지는 것으로 인정하는 근거로 옳은 것은?

① 평등의 원칙(자기구속의 법리)
② 신의성실의 원칙
③ 부당결부금지의 원칙
④ 비례의 원칙

06

다음 중 옳지 않은 것은? (다툼이 있는 경우 판례에 의함)

① 헌법재판소의 위헌결정은 행정청의 공적 견해표명이라 할 수 없으므로 그 결정에 관련하여 신뢰보호의 원칙이 적용되지 아니한다.
② 도시계획구역 내 생산녹지로 답인 토지에 대하여 종교회관 건립을 목적으로 한 형질변경허가에 대한 담당공무원의 답변은 신뢰보호의 공적 견해로서 그 후 토지형질변경허가신청을 불허가한 것은 신뢰보호원칙에 반한다.
③ 폐기물처리업에 대하여 관할 관청의 사전 적정통보를 받고 허가요건을 갖춘 후 허가신청을 하였음에도 청소업자의 난립으로 효율적인 청소업무의 수행에 지장이 있다는 이유로 한 불허가처분은 신뢰보호의 원칙에 반한다.
④ 병무청 총무과 민원팀장인 공무원이 민원봉사차원에서 상담에 응하여 안내한 것을 신뢰한 경우에는 신뢰보호원칙이 적용된다.

07

다음 중 행정상 법률관계가 공법관계인 것은 몇 개인가?

> ⊙ 체비지 매각관계
> ⓒ 수도요금 징수관계
> ⓒ 국유재산의 무단점유자에 대한 변상금 부과
> ② 지방채 모집
> ⑩ 청원경찰관의 근무관계
> ⑭ 공공용지의 협의취득관계
> ④ 전화가입계약·해지관계
> ⊙ 공무원연금관리공단의 급여결정에 따른 관계

① 3개   ② 4개
③ 5개   ④ 6개

08

행정청의 위법한 부작위로 인하여 권익을 침해당한 자가 행정청에 대하여 제3자에 대한 단속이나 규제를 청구할 수 있는 권리에 해당되는 것은?

① 행정개입청구권
② 계획보장청구권
③ 무하자재량행사청구권
④ 행정행위발급청구권

09

다음 중 특별권력관계에 해당하지 않는 것은?

① 국민에 대한 조세부과처분
② 공무원에 대한 정직처분
③ 취학아동의 초등학교 입학
④ 전염병 환자에 대한 강제입원

10

다음 중 행정입법에 대한 설명으로 바르지 않은 것은? (다툼이 있는 경우 판례에 의함)

① 법규명령이 직접적·구체적으로 국민의 권리·의무나 법적 지위에 영향을 미치는 경우 처분성이 인정된다.
② 집행명령은 상위법령을 집행하기 위해 필요한 구체적인 절차와 형식뿐만 아니라 새로운 입법에 관한 사항도 규정할 수 있다.
③ 일반적으로 구법에 위임의 근거가 없어 무효라도 사후에 법 개정으로 위임의 근거가 마련되면 그때부터 유효한 법규명령이 된다.
④ 판례는 원칙적으로 행정규칙의 법규성을 부정하나 법령보충규칙 등에 대해 법규성을 인정하기도 한다.

11

행정행위의 불가쟁력에 대한 설명으로 옳지 않은 것은?

① 불가쟁력은 무효인 행정행위에는 인정되지 않는다.
② 위법한 침익행위에 대해서 불가쟁력이 발생한 경우라면 처분행정청이라도 직권취소할 수 없다.
③ 불가쟁력이 발생한 행정행위에 대해서 법령에 특별한 규정이 있거나 법령해석상 가능한 경우가 아니면 국민이 불가쟁력이 발생한 처분에 변경을 구할 권리는 인정되지 않는다.
④ 불가쟁력과 불가변력은 서로 무관하다.

12

다음 중 하명에 대한 설명으로 옳지 않은 것은?

① 위법한 하명행위에 대해서는 행정상 손해배상청구를 할 수 있다.
② 하명행위는 불특정 다수에 대하여 행할 수 있다.
③ 하명을 불이행한 경우 하명에 대한 의무위반행위는 무효이다.
④ 하명은 의무를 명하는 행위이며 대상은 사실행위와 법률행위이다.

13

다음 중 행정행위의 부관에 관한 설명으로 바르지 않은 것은? (다툼이 있는 경우 판례에 의함)

① 부관은 주된 의사표시에 부가하여 주된 행정행위의 효력을 제한하거나 의무를 부과하는 종된 의사표시를 말한다.
② 일반적으로 기속행위나 기속적 재량행위에는 부관을 붙일 수 있다.
③ 행정행위의 부관 중 부담은 독립하여 취소소송의 대상이 된다.
④ 상대방의 동의가 있는 경우에 사후부관이 가능할 수 있다.

14

대법원 판례에 따른 하자승계에 대한 내용으로 거리가 먼 것은?

① 선행행위와 후행행위가 행정처분이면 선행처분의 하자가 무효인지 취소인지 여부는 논의되지 않는다.
② 선행처분에 불가쟁력이 발생하지 않았다면 하자승계는 논의될 수 없다.
③ 과세처분과 강제징수의 독촉에는 하자가 승계되지 않는다.
④ 개별공시지가결정의 하자를 이유로 양도소득세부과에 대하여 쟁송을 제기할 수 있다.

15

행정지도에 대한 원칙이나 한계에 해당하지 않는 것은?

① 행정지도는 상대방의 의사에 반하여 부당하게 강요하여서는 아니 된다.
② 행정지도를 하는 자는 그 상대방에게 그 행정지도의 취지 및 내용과 신분을 밝혀야 한다.
③ 행정지도는 문서형식에 의하여야 하며, 상대방이 서면의 교부를 요구하면 이에 따라야 한다.
④ 행정지도의 상대방은 행정지도의 방식, 내용 등에 관하여 행정기관에 의견을 제출할 수 있다.

16

다음 중 행정계획에 대한 설명으로 옳은 것은?

① 공청회와 이주대책이 없는 도시계획결정 또는 도시계획사업시행인가는 당연무효인 행위이다.
② 행정주체가 행정계획을 입안하고 결정함에 있어서 이익형량을 하였지만 정당성·객관성이 결여된 경우에는 형량에 하자가 있어 위법하다.
③ 행정주체는 구체적인 행정계획을 함에 있어서 형성의 자유가 인정되지 않으므로 관계법령에 따라 입안하고 결정해야 한다.
④ 「도시재개발법」상의 관리처분계획은 처분성이 없다고 본다.

17

다음 중 대집행의 대상이 될 수 있는 것은 몇 개인가?

> ㉠ 장례식장 사용중지의무의 불이행
> ㉡ 도시공원시설의 매점 점유자의 퇴거 및 점유배제(명도의무)
> ㉢ 공유재산 대부계약의 해지에 따른 지상물 철거의무
> ㉣ 구 「공공용지의 취득 및 손실보상에 관한 특례법」상 협의취득시 약정에 따른 건물소유자의 매매대상건물 철거의무의 불이행

① 1개 ② 2개
③ 3개 ④ 4개

18

행정상 실효성 확보수단에 대한 설명으로 틀린 것은?

① 행정벌은 과거 의무위반에 대한 제재로서의 성질을 갖는다.
② 행정상의 강제징수는 행정법상의 의무불이행이 있는 경우 행정기관이 직접 의무자의 신체나 재산에 실력을 가하여 의무자가 스스로 의무를 이행한 것과 같은 상태를 실현하는 작용이다.
③ 과징금은 원칙적으로 경제법상의 의무위반자에게 과하는 금전상의 제재이다.
④ 공급거부는 행정법상의 의무를 위반한 자 등에 대하여 일정한 행정상의 서비스나 재화의 공급을 거부하는 행정작용이다.

19

행정상 강제징수에 관한 설명 중 바르지 않은 것은? (다툼이 있는 경우 판례에 의함)

① 공매결정과 이에 대한 통지는 처분이 아니다.
② 공매행위는 처분이다.
③ 압류에 앞선 독촉절차가 결여된 경우 대법원은 일관되게 무효라는 입장이다.
④ 수의계약은 사법상 계약에 해당한다.

20

행정상 즉시강제에 대한 설명으로 옳지 않은 것은? (다툼이 있는 경우 판례에 의함)

① 행정상 즉시강제는 주로 침익적 성질을 가지며, 권력적 사실행위에 해당된다.
② 헌법 제12조 규정 등에 따라 사전영장주의가 적용된다.
③ 위법한 즉시강제에 대해 행정쟁송대상인 처분성이 인정될 수 있으나 일반적으로 소의 이익이 부인되는 경우가 대부분이다.
④ 타인의 재산에 대한 위해를 제거하기 위하여 인신을 구속하는 것은 비례의 원칙에 반한다.

21

다음은 「행정절차법」상의 의견청취 중 청문에 대한 설명이다. 이에 대한 설명으로 바르지 않은 것은?

① 청문에서 개진된 의견에 처분청은 구속된다.
② 청문은 비공개가 원칙이다.
③ 청문을 위반한 처분은 취소사유가 된다.
④ 청문주재자는 제척·기피·회피될 수 있다.

22

다음 중 행정상 손해배상에 대한 설명으로 옳지 <u>않은</u> 것은? (다툼이 있는 경우 판례에 의함)

① 공무원의 직무상 불법행위나 영조물의 설치·관리의 하자로 인하여 개인에게 손해가 발생한 경우에 행정주체가 그 손해를 배상하는 것을 의미한다.
② 「국가배상법」 규정에 의하면 국가와 지방자치단체 이외의 공공단체의 배상책임은 「민법」에 의하게 된다.
③ 판례에 따르면 시 청소차운전수, 통장 등은 공무원에 포함시키나 의용소방대원, 시영버스운전수는 공무원의 범위에서 제외된다.
④ 미군부대 카투사 구성원 등의 공무집행 중 행위와 이들이 소유·점유·관리하는 시설 등의 설치 또는 관리의 하자로 인한 피해자는 「국가배상법」의 규정에 따라 대한민국에 대하여 배상을 청구할 수 없다.

23

다음 설명 중 옳은 것은? (다툼이 있는 경우 판례에 의함)

① 소송요건은 사실심 변론종결시뿐 아니라 상고심까지 필요로 않는다.
② 처분사유의 추가·변경은 사실관계의 동일성 범위 내에서는 사실심 이후 상고심까지 허용된다.
③ 처분의 적법성에 대한 입증책임은 원고에게 있다.
④ 행정처분의 무효를 구하는 소송에서의 입증책임은 원고에게 있다.

24

다음 중 행정행위의 철회에 대한 설명으로 옳은 것은?

① 철회는 중대·명백한 하자가 있는 경우가 아니라면 직권취소할 수 없다.
② 철회는 수익적인 처분이 대상인 경우에도 별도의 법적 근거가 없이 가능하다.
③ 수익적 행정행위를 취소 또는 철회하는 경우에는 과잉금지원칙이 적용되지 않는다.
④ 철회권은 처분청과 감독청에게 권한이 주어져 있다.

25

다음 중 공물에 대한 설명으로 옳지 <u>않은</u> 것은?

① '공물'이란 행정주체에 의하여 직접행정 목적에 제공된 개개의 유체물을 의미한다.
② 공물은 원칙적으로 취득시효의 대상이 되지 않지만 국유재산 중 일반재산에 대해서는 취득시효가 인정된다.
③ 자연공물은 일정한 형태적 요소를 갖추면 당연히 공물로 성립하므로 행정주체의 특별한 의사표시를 필요로 하지 않는다.
④ 인공공물을 사실상 사용하지 않는 경우 공용폐지된 것으로 본다.

※ 2014년도 기출복원문제는 시험 응시자들과 집필진의 기억을 토대로 재구성되었습니다. 실제 기출문제와는 다소 차이가 있을 수 있음을 알려드립니다.

빠른 정답표 ▶ 분석해설편 P.1
정답과 해설 ▶ 분석해설편 P.110

9급 군무원 행정법

01

다음 중 행정개념의 정의에 있어 행정개념징표설에 의할 때, 행정의 개념적 징표로 보기가 가장 어려운 것은?

① 행정은 행정주체에 의한 공익실현을 위한 작용이다.
② 행정은 공동체에 있어서의 사회형성 작용이다.
③ 행정은 목적달성을 위하여 다양한 행위형식에 의해 이루어진다.
④ 행정은 추상적 사안에 대한 규율을 행한다.

02

다음 중 실질적 의미에서는 행정에 속하지만, 형식적 의미에서는 행정으로 볼 수 없는 것은?

① 행정심판재결
② 법무부장관의 귀화허가
③ 토지수용위원회의 토지수용재결
④ 국회사무총장의 직원임명

03

법률유보에 대한 주장들 중에서 의회민주주의에 가장 충실하고자 하는 견해는 어느 것인가?

① 신침해유보설   ② 중요사항유보설
③ 전부유보설   ④ 권력행정유보설

04

다음 법률유보에 관한 주장 중 바르지 않은 것은?

① 침해유보설은 O.Mayer에 의해서 주장되었으며 당시의 기본권관을 반영하고 있다.
② 급부행정유보설은 사회국가와 평등권을 법률로 구현하고자 하는 견해이다.
③ 침해유보설과 반대인 전부유보설은 권력분립원칙에 가장 부합하는 견해로서 우리의 일반적인 견해이다.
④ 의회유보설은 중요사항유보설과 연결된다.

05

행정법의 일반원칙 중 과잉금지원칙(광의의 비례원칙)에 관한 설명으로 옳은 것은?

① '적합성의 원칙'이란 행정작용의 정도는 공익상 필요에 적정한 균형을 유지해야 한다는 원칙이다.
② '필요성의 원칙'이란 행정기관의 행정작용은 행정목적을 달성할 수 있는 수단이어야 한다는 것을 말한다.
③ '상당성의 원칙'이란 일정한 목적을 달성할 수 있는 여러 수단 중에 최소침해 수단을 선택하여야 함을 의미한다.
④ 음식점 영업허가 신청에 대하여 부관으로서 부담을 붙이면 행정목적을 달성할 수 있는 경우에도 허가를 거부하는 것은 필요성의 원칙에 위배된다.

06

다음 중 헌법과 행정법의 관계에 대해 바르지 <u>않은</u> 것은?

① 행정법은 헌법을 구체화하는 수단, 즉 헌법의 이념을 구현하기 위한 기술적인 법이다.

② 헌법은 상위법으로 행정법의 내용을 제한하는 기능이 있다.

③ '헌법은 변해도 행정법은 변하지 않는다.'는 말은 현대행정에도 적용될 수 있는 법언으로 헌법이 변하여도 행정법은 일체 변화가 없다.

④ 헌법은 전체법이고 행정법은 분과법이다.

07

행정법의 법원에 관한 설명으로 옳지 <u>않은</u> 것은? (다툼이 있는 경우 판례에 의함)

① 헌법상의 조약은 헌법과 같은 효력을 가지므로 행정법의 법원이 될 수 있다.

② 우리나라는 행정법에 대한 통일법전이 없다.

③ 영미법계는 선례구속성의 원칙을 인정하며, 판례를 행정법의 법원으로 인정하고 있다.

④ 국제법은 일정한 절차나 형식 없이 국내에서 효력을 발하며, 국제법을 위반한 하위국내법은 무효이다.

08

공법상 사무관리의 사례에 해당하지 <u>않는</u> 것은?

① 공무원의 착오에 의한 사유지의 도로편입

② 학교재단에 대한 교육위원회의 강제관리

③ 관계행정기관의 행려병자의 보호

④ 수난재해의 구호조치

09

다음 중 행정상 법률관계에 대한 설명으로 옳지 <u>않은</u> 것은?

① 행정상 법률관계는 공·사법 이원론을 전제로 한 대륙법계에서 등장하였으며 영미법계에서는 20세기 이후에 등장한다.

② 권력관계는 본래적 공법관계로 원칙적으로 사법(私法)을 적용하지 않으며, 이에 대한 다툼은 행정소송으로 진행된다.

③ 관리관계는 원칙적으로 사법이 적용되나, 공공성이나 윤리성이 인정되는 경우에는 공법적 규율이 이루어지고 법적 분쟁도 행정소송절차에 의한다.

④ 사법관계에는 공물의 관리나 공기업의 관리 등이 있으며 이에 대한 법적 분쟁은 민사소송의 예에 의한다.

10

사인의 공법행위 중 신고에 대한 설명으로 바르지 <u>않은</u> 것은? (다툼이 있는 경우 판례에 의함)

① 사업의 양도나 양수에 의한 영업자지위승계신고에 대한 수리는 행정처분에 해당한다.

② 인·허가의제 효과를 수반하는 건축신고는 자체완성적 신고이다.

③ 자기완결적 신고는 이에 대한 접수나 수리를 거부하는 행위를 원칙적으로 처분이라 할 수 없다.

④ 신고의 수리에 대한 심사는 원칙적으로 형식적 요건심사에 한한다.

11

법규명령의 통제에 대한 다음 설명 중 틀린 것은?

① 법규명령 등의 제정·개정·폐지시에는 「국회법」에 의해 10일 이내에 이를 국회 소관 상임위원회에 제출하여야 한다.

② 대통령령의 제정에는 법제처 심사와 국무회의 심의절차를 거쳐야 한다.

③ 국회는 법규명령의 제정에 직접적 통제권인 '동의권'이 없다.

④ 법규명령에 대한 국민의 직접 또는 간접적인 통제방법은 없다.

12

행정행위의 특성에 대한 다음 설명 중 옳지 <u>않은</u> 것은?

① 행정행위는 원칙적으로 법적 근거가 있어야 하고, 또한 법에 적합하여야 한다.
② 행정행위가 당연무효가 아니라면 일단 유효로 추정된다.
③ 행정행위는 일정기간이 경과되면 하자가 발견되어도 무효가 아닌 한 쟁송을 제기할 수 없다.
④ 행정행위는 법률에 특별한 규정이 없더라도 자력으로 행정행위의 내용을 강제할 수 있는 힘을 가진다.

13

다음 중 철회에 대한 설명으로 바르지 <u>않은</u> 것은? (다툼이 있는 경우 판례에 의함)

① 철회는 처분청이 할 수 있으며 특별한 규정이 없는 한 감독청은 철회권을 행사할 수 없다.
② 철회권유보부 행정행위는 철회권유보사유가 발생할 때 그 자체만으로 철회권을 행사할 수 있다.
③ 수익적 행정행위의 철회는 상대방의 신뢰보호와 법적 안정성을 이유로 제한된다.
④ 철회는 철회되는 처분과 별개의 행정처분으로서 하자가 있는 경우 무효나 취소사유에 해당한다.

14

다음 중 규제적 행정지도에 해당하는 것은?

① 자연보호를 위한 오물투기제한
② 수출입 품목조정
③ 생활개선지도
④ 중소기업의 합리화지도

15

다음 중 「공공기관의 정보공개에 관한 법률」의 내용으로 옳지 <u>않은</u> 것은?

① 공공기관은 정보공개의 청구를 받으면 그 청구를 받은 날부터 10일 이내에 공개 여부를 결정하여야 한다.
② 국가안전보장에 관련되는 정보 및 보안 업무를 관장하는 기관에서 국가안전보장과 관련된 정보의 분석을 목적으로 수집하거나 작성한 정보에 대해서는 이 법을 적용하지 아니한다.
③ 공개될 경우 부동산 투기, 매점매석 등으로 특정인에게 이익 또는 불이익을 줄 우려가 있다고 인정되는 정보는 비공개 대상인 정보이다.
④ 직무를 수행한 공무원의 성명과 직위는 개인에 관한 정보로서 비공개 대상에 해당한다.

16

다음 중 「질서위반행위규제법」상 과태료에 대한 설명으로 바르지 <u>않은</u> 것은?

① 고의는 과태료를 부과하지만 과실은 과태료를 부과하지 않는다.
② 2인 이상이 질서위반행위에 가담한 때에는 각자가 질서위반행위를 한 것으로 본다.
③ 과태료는 행정청의 과태료 부과처분이나 법원의 과태료 재판이 확정된 후 5년간 징수하지 아니하거나 집행하지 아니하면 시효로 인하여 소멸한다.
④ 자신의 행위가 위법하지 아니한 것으로 오인하고 행한 질서위반행위는 그 오인에 정당한 이유가 있는 때에 한하여 과태료를 부과하지 아니한다.

17

다음 중 국가배상에 대한 설명으로 옳은 것은? (다툼이 있는 경우 판례에 의함)

① 외국인이 피해자인 경우에 언제나 배상이 가능하다.
② 위법한 처분으로 피해를 입은 경우 처분이 취소되지 않아도 국가배상청구소송에서 인용될 수 있다.
③ 생명·신체의 침해로 인한 국가배상을 받을 권리는 양도나 압류가 가능하다.
④ 군무원 등이 위법한 행위로 직무를 수행하다 받은 피해는 보상을 받은 경우에도 배상을 받을 수 있다.

18

「행정절차법」상 행정지도의 방식이나 원칙으로 바르지 <u>않은</u> 것은?

① 행정기관이 동일한 목적을 위한 다수의 상대방에게 행정지도를 하는 경우 공통적인 내용을 공표하는 것이 원칙이다.
② 행정지도의 상대방이 행정지도에 따르지 아니한 경우 필요최소한의 불이익 조치를 할 수 있다.
③ 행정지도를 그 상대방의 의사에 반하여 부당하게 강요해서는 안 된다.
④ 행정지도를 행한 자는 그 상대방에게 당해 행정지도의 취지, 내용 및 신분을 밝혀야 한다.

19

「행정절차법」에 대한 내용으로 바르지 <u>않은</u> 것은?

① 행정청이 처분을 행할 때 언제나 당사자에게 그 근거와 이유를 제시해야만 하는 것은 아니다.
② 청문주재자는 직권으로 필요한 조치를 할 수 있고, 당사자 등이 주장하지 않은 사실에 대하여서도 조사할 수 있다.
③ 행정예고기간은 예고 내용의 성격 등을 고려하여 정하고, 특별한 사정이 없으면 20일 이상으로 한다.
④ 행정청은 반드시 처분기준을 공표하여야 한다.

20

「행정심판법」상의 내용으로 바르지 <u>않은</u> 것은?

① 위원회는 필요하면 직권 또는 신청에 의하여 문서나 증거자료의 제출을 요구하는 등의 증거조사를 할 수 있다.
② 행정심판은 처분이 있음을 알게 된 날부터 90일 이내에 청구하여야 한다.
③ 법인이 아닌 사단 또는 재단으로서 대표자나 관리인이 정하여져 있는 경우에는 그 사단이나 재단의 이름으로 심판청구를 할 수 있다.
④ 의무이행심판과 무효등확인심판에서 사정재결이 가능하다.

21

「공익사업을 위한 토지 등의 취득 및 보상에 관한 법률」에서 규정하고 있는 이주대책에 대한 내용 중 옳은 것은? (다툼이 있는 경우 판례에 의함)

① 공익사업의 시행에 따라 이주하는 주거용 건축물의 세입자에게 지급해야 하는 주거이전비의 청구는 사법(私法)상의 민사소송에 의한다.
② 이주자들에게 종전의 생활상태를 회복시키기 위한 생활보상의 일환으로서 이주대책의 실시 여부는 입법자의 입법정책적 재량의 영역에 속한다.
③ 사업시행자의 세입자에 대한 주거이전비 지급의무를 정하고 있는 「공익사업을 위한 토지 등의 취득 및 보상에 관한 법률 시행규칙」 제54조 제2항이 강행규정이라고 보기는 어렵다.
④ 사업시행자의 이주대책 수립 여부와는 관계없이 이주대책대상자에게는 구체적인 수분양권이 발생한다.

22

행정사법(行政私法)에 대한 내용 중 옳은 것은?

① 행정사법은 행정주체가 법 형식에 대한 선택 가능성이 있는 경우의 문제이다.
② 행정사법은 사법관계에 해당되어 공법적 규율은 적용되지 않는다.
③ 행정사법은 경찰행정 및 조세행정 등의 분야에도 다양하게 적용될 수 있다.
④ 행정사법의 목적은 경제적 수익이므로 사법관계이다.

24

건축이 가능한 본인의 토지에 건축을 하고자 하는 자가 관계법상의 요건을 구비하여 관계 행정청에 건축허가 신청을 하였지만 행정청은 행정청의 방침을 이유로 거부하였다. 이에 대한 구제방법을 바르게 제시한 것은?

① 의무이행소송, 당사자소송을 통해 구제가 가능하다.
② 취소심판, 취소소송, 의무이행심판을 통해 구제가 가능하다.
③ 부작위위법확인소송이나 무효등확인소송을 통해 구제가 가능하다.
④ 행정청에 대한 손해배상을 청구하여 금전적으로 구제가 가능하다.

25

지방자치제도에 대한 설명으로 옳은 것은? (다툼이 있는 경우 판례에 의함)

① 헌법재판소에 의하면 지방자치단체도 기본권의 주체가 될 수 있어 헌법소원을 제기할 수 있다고 판시하였다.
② 지방자치단체의 고유사무나 단체위임사무에 대해서는 조례를 제정할 수 있으나, 기관위임사무에 대해서는 법령에서 조례로 정하도록 위임한 경우에 한하여 그 사항에 관하여서만 조례 제정이 가능하다.
③ 조례 제정에 대한 법률의 위임의 정도는 법규명령에 대한 위임과 같이 구체적으로 범위를 정하여야 한다.
④ 지방자치단체장이 조례에 의해 부여된 위원회의 위원을 위촉이나 해촉할 때에 지방의회의 동의를 받도록 하는 것은 허용되지 않는다.

23

다음 중 판례의 내용으로 옳은 것은?

①「국가배상법」제5조 제1항 소정의 '공공의 영조물'이라 함은 국가 또는 지방자치단체가 소유권에 기하여 관리하고 있는 경우만을 말한다.
② 육군중사가 훈련에 대비하여 개인 소유의 오토바이를 운전하여 사전정찰을 위해 훈련지역 일대를 돌아보고 귀대하다가 교통사고를 일으킨 경우에 개인 소유 오토바이에 따른 사안으로 국가배상사건으로 보기 어렵다.
③ 어떠한 행정처분이 후에 항고소송에서 취소된 사실만으로 당해 행정처분이 공무원의 고의 또는 과실로 인한 것으로서 불법행위를 구성한다고 단정할 수 있다.
④ 법관의 재판에 법령의 규정을 따르지 아니한 잘못이 있다 하더라도 이로써 바로 그 재판상 직무행위가「국가배상법」제2조 제1항에서 말하는 위법한 행위로 되어 국가의 손해배상책임이 발생하는 것은 아니다.

※ 2013년도 기출복원문제는 시험 응시자들과 집필진의 기억을 토대로 재구성되었습니다. 실제 기출문제와는 다소 차이가 있을 수 있음을 알려드립니다.

빠른 정답표 ▶ 분석해설편 P.1
정답과 해설 ▶ 분석해설편 P.119

2012

2012.06.30. 국방부(육·해·공군) 시행

⏱ 적정시간 17분

월 일	월 일	월 일
시작 :	시작 :	시작 :
종료 :	종료 :	종료 :
점수	점수	점수

9급 군무원 행정법

01

행정법의 일반원칙 중 과잉금지원칙에 대한 설명으로 바르지 않은 것은?

① 적합성·필요성·상당성의 원칙 중 일부만 위반하였다면 이를 비례원칙 위반이라 할 수 없다.

② '필요성'이란 행정목적을 달성할 수 있는 다른 대체수단이 존재하는 경우에 그러한 대체수단들보다 침해의 정도가 적어야 함을 말한다.

③ 적합성은 적정성을 말하는 것은 아니다.

④ 과잉금지원칙은 일반적으로 헌법상의 원칙으로 인정된다.

02

조약 등의 국제법에 관한 설명으로 바르지 않은 것은? (다툼이 있는 경우 판례에 의함)

① 조약도 행정법원(法源)이 될 수 있는지에 대하여 일반적으로 긍정하고 있다.

② 북한과의 '남북기본합의서'는 조약에 해당하여 법적 구속력을 가진다.

③ 조약이 국내 법률과 동위의 효력으로 인정되는 경우 조약의 위헌 여부에 대하여 헌법재판소가 판단권을 가진다.

④ WTO 협정을 위반하였다고 사인이 회원국 정부를 상대로 국내 법원에 제소할 수 없다.

03

다음 중 행정상 법률관계의 당사자에 대한 설명으로 옳지 않은 것은? (다툼이 있는 경우 판례에 의함)

① 대법원에 의하면 소득세원천징수의무자는 행정주체의 지위에 해당한다.

② 국방부장관은 행정주체의 지위에 해당되지 않는다.

③ 학위를 수여하는 사립대학교 총장은 행정주체의 지위에 해당한다.

④ 수원시 팔달구는 행정주체의 지위에 해당하지 않는다.

04

사인의 공법행위에 대한 다음 설명 중 바르지 않은 것은? (다툼이 있는 경우 판례에 의함)

① 사인의 신청행위에 요건이 불비된 경우 즉시 보류하거나 거부하여서는 안 된다.

② 사인의 공법행위에는 부관을 붙일 수 없다.

③ 사인의 공법행위는 공법적 효과를 목적으로 하여 공정력 등의 효력을 갖는다.

④ 사인의 공법행위의 효력발생시기는 원칙적으로 도달주의에 따른다.

05

긴급명령, 긴급재정·경제명령과 관련된 내용이다. 이에 대한 설명으로 바르지 않은 것은?

① 대통령의 국가긴급권의 일종으로 헌법재판소에 따르면 통치행위로 볼 수 있다.

② 행정입법의 일종으로 대통령은 국회에 승인을 얻어야 하며, 승인이 거부되는 경우 소급하여 효력이 소멸된다.

③ 긴급재정·경제명령이 고도의 정치적 결단에 따라 이루어진 경우라도 국민의 기본권 침해와 직접 관련되는 경우에는 헌법재판소의 심사대상이 된다.

④ 긴급명령 등은 법률대위명령에 해당한다.

06

행정규칙에 관한 설명으로 옳은 것은? (다툼이 있는 경우 판례에 의함)

① 헌법재판소에 의하면 행정규칙은 헌법재판소의 심사대상이 아니다.

② 판례는 구 「청소년 보호법 시행령」상의 과징금부과기준을 법규명령이라 하고 부과금액은 확정액이 아니라 상한액이라고 한다.

③ 판례는 행정규칙의 법규성을 일반적으로 인정하고 있다.

④ 행정규칙은 상위법의 근거 없이 제정될 수 없다.

07

명령·규칙에 대한 다음 설명 중 옳은 것은?

① 부령형식으로 정해진 제재적 처분기준을 대법원은 법규명령으로 보는 경향이다.

② 위임명령이 상위법에 위반하더라도 위임의 근거가 있다면 그 법규명령은 유효하다.

③ 위임명령의 근거가 된 상위법령이 법원에서 위헌판정을 받으면 그에 따른 위임명령은 당연무효가 된다.

④ 행정규칙의 효력요건은 관보 등을 통한 공포이다.

08

다음 중 재량행위에 관한 설명으로 옳지 않은 것은? (다툼이 있는 경우 판례에 의함)

① 단순한 재량의 하자는 부당이나, 재량의 일탈·남용은 위법하여 사법심사대상이 된다.

② 공유수면매립면허는 법령상 요건을 갖춘 경우라도 행정청은 공익을 이유로 이를 거부할 수 있다.

③ 현행법상 재량의 하자에 대한 사법심사 규정은 존재하지 않는다.

④ 행정청이 재량을 행사하지 않은 경우에도 위법하다.

09

다음 중 바르게 연결되지 않은 것은?

① 어업권 – 특허

② 행려병사자의 유류품 매각 – 공법상 대리

③ 토지거래허가 – 허가

④ 여권의 발급 – 공증

10

강학상 허가에 대한 내용으로 옳은 것은?

① 허가는 법령에 특별히 일의적으로 규정된 경우가 아니라면 재량을 원칙으로 한다.

② 대물적 허가의 경우 그 효력이 승계되는 것이 원칙이다.

③ 허가는 출원(신청)이 없는 경우나 출원과 다른 허가를 인정하고 있지 않다.

④ 허가는 인위적인 권리나 능력 등을 부여하는 행정작용이다.

11

행정행위에 관한 설명 중 옳지 <u>않은</u> 것은?

① 인가의 대상은 법률행위와 사실행위다.

② 인가의 대상이 되는 기본행위가 무효이면 그에 따른 인가행위도 당연무효이다.

③ 특별한 규정이 없는 한 수정인가는 허용되지 않는다.

④ 신청시 법령과 처분시 법령이 법 개정으로 상이한 경우, 처분시 법령에 따라 처분 여부를 결정한다.

12

행정행위의 부관에 대한 내용 중 바르지 <u>않은</u> 것은? (다툼이 있는 경우 판례에 의함)

① 부관은 행정행위의 효과를 제한하거나 보충하는 종된 의사표시로서 행정작용의 적정성 확보의 기능을 갖는다.

② 법률효과의 일부배제는 법률이 부여하는 법률의 효과일부를 행정기관이 배제하는 부관이기 때문에 법률에 근거가 있어야 한다.

③ 대법원은 수익적 행정처분의 경우 법률의 근거가 있는 경우에 한하여 부관을 붙일 수 있다고 본다.

④ 대법원은 종교단체에 대한 기본재산전환승인에 있어 인가조건을 부가하고 이를 위반할 경우에 인가의 효력을 소멸시킬 수 있도록 한 것을 철회권유보라고 본다.

13

하자에 대한 사유로서 무효와 취소에 대한 내용으로 바르지 <u>않은</u> 것은? (다툼이 있는 경우 판례에 의함)

① 행정청이 권한에 없는 처분을 하였다면 원칙적 무효이다.

② 임용결격자에 대한 임용을 임용권자의 과실로 밝혀내지 못하였다면 그 임용을 무효라고 볼 수 없다.

③ 납세고지서의 필요적 기재사항을 결한 과세처분은 취소사유에 해당한다.

④ 내부위임에서 수임청 명의의 처분이 있었다면 무효에 해당한다.

14

다음 중 행정행위의 실효사유가 <u>아닌</u> 것은?

① 정지조건부 행정행위에서 조건의 성취

② 과세처분에 따른 납세

③ 철거명령을 받은 건축물의 지진에 의한 붕괴

④ 의사의 사망으로 인한 의사면허의 소멸

15

행정법상 확약에 대한 설명 중 옳지 <u>않은</u> 것은?

① 확약에 배경이 된 사실이나 법률관계에 변경이 있을 경우에 확약은 실효된다.

② 확약의 이론적 근거로 본처분권포함설이 일반적인 입장이다.

③ 확약은 형식에 제한이 없어 말에 의한 경우도 가능하다.

④ 확약은 별도의 법적 근거 없이 이루어진 경우 무효에 해당한다.

16

행정지도에 관한 설명으로 옳은 것은? (다툼이 있는 경우 판례에 의함)

① 위법한 지도를 상대방이 이행하여 결과적으로 위법이 되었다면 위법성이 조각된다.
② 행정지도는 비권력적 사실행위인 행정청의 희망의 표시로서 이에 대한 실정법상의 규정은 없다.
③ 한계를 일탈하지 않은 지도에 의해 상대방에게 피해가 있다고 하여 국가배상이 인정되는 것은 아니다.
④ 행정지도는 헌법소원대상이 될 수 없다.

17

다음 중 행정대집행에 대한 설명으로 옳은 것은? (다툼이 있는 경우 판례에 의함)

① 1차 계고 이후 2차·3차 계고행위는 처분성이 인정되지 않는다.
② 계고와 영장은 대집행 절차로서 생략할 수 없다.
③ 권한을 위임받은 수임기관은 대집행의 주체가 될 수 없다.
④ 행정대집행 실행이 완료된 경우 계고에 대한 쟁송제기는 기각된다.

18

「질서위반행위규제법」에 대한 내용으로 옳은 것은?

① 자신의 행위가 위법하지 아니한 것으로 오인하고 행한 질서위반행위는 과태료를 부과하지 아니한다.
② 2인 이상이 질서위반행위에 가담한 때에는 그 대표자가 질서위반행위를 한 것으로 본다.
③ 과태료는 행정청의 과태료 부과처분이나 법원의 과태료 재판이 확정된 후 3년간 징수하지 아니하거나 집행하지 아니하면 시효로 인하여 소멸한다.
④ 행정청의 과태료 부과에 불복하여 이의제기가 있는 경우에는 행정청의 과태료 부과처분은 그 효력을 상실한다.

19

다음 중 청원이 수리될 수 있는 경우에 해당하는 것은?

① 감사·수사·재판 등 다른 법령에 의한 조사·불복 또는 구제절차가 진행 중인 때
② 허위사실로 타인으로 하여금 형사처분 또는 징계처분을 받게 하는 경우
③ 사인간 권리관계 또는 개인의 사생활에 관한 사항인 경우
④ 법률·명령·조례 등의 개정이나 폐지에 관한 사항

20

「행정절차법」에 대한 내용으로 옳은 것은? (다툼이 있는 경우 판례에 의함)

① 「행정절차법」에는 절차적인 사항만 규정되어 있을 뿐 실체적 규정에 대해서는 전혀 규정하고 있지 않다.
② 행정청이 처분을 함에 있어서 이유제시를 하지 않은 경우 실체적 하자가 없다고 해도 그 자체로서 독립된 취소사유가 된다.
③ 행정계획에 대한 규정은 없으나, 공법상 계약과 확약에 대한 규정은 있다.
④ 상대방이 동의하지 않아도 긴급을 요하는 경우에는 정보통신망을 통해 송달이 가능하다.

21

헌법과 「국가배상법」상의 이중배상금지대상에 포함되지 <u>않는</u> 경우는?

① 군무원   ② 향토예비군(현 예비군)
③ 공익근무요원   ④ 경찰공무원

22

다음 행정상 손실보상에 대한 설명 중 바르지 <u>않은</u> 것은? (다툼이 있는 경우 판례에 의함)

① 보상의 지급은 선불·개별불·일시불이 원칙이다.

② 당해 사업과 관련하여 발생한 개발이익을 배제하여 보상금을 산정하는 것은 헌법상 정당보상원칙에 반하지 않는다.

③ 표준공시지가를 보상액 산정기준으로 삼아 개별공시지가보다 보상가격이 낮은 것은 헌법상 정당보상원칙에 반한다.

④ 기대이익은 보상액 산정시 고려하지 않는다.

23

행정심판에서 당사자의 권리에 해당되지 <u>않는</u> 것은?

① 행정심판위원회의 위원 또는 직원에 대한 회피신청권

② 구술심리신청권

③ 보충서면제출권

④ 증거조사신청권

24

행정심판에 관한 설명으로 바르지 <u>않은</u> 것은?

① 행정심판재결에 불복한다고 해도 다시 행정심판을 청구할 수 없다.

② 행정심판재결은 준사법적인 행정작용으로서 불가변력은 인정되나 공정력 등의 효력은 인정되지 못한다.

③ 서울시 소속 행정청에 의한 처분에 대해 불복하여 심판을 청구하면 서울시 소속 행정심판위원회에서 관할한다.

④ 자연인이나 법인에 한하여 청구인적격을 갖는 것은 아니다.

25

다음 중 행정소송에서의 판결과 관련된 설명으로 바르지 <u>않은</u> 것은?

① 처분의 위법 여부를 판단하는 시점은 처분시로, 처분 이후의 사실이나 법령의 개폐에 의해 영향을 받지 않는다.

② 무효등확인소송에서는 간접강제가 인정되지 않는다.

③ 선고법원 자신도 판결의 내용을 취소·변경할 수 없는 힘을 '자박력'이라 한다.

④ 사정판결은 일종의 기각판결로서 소송비용은 패소 측인 원고가 부담한다.

※ 2012년도 기출복원문제는 시험 응시자들과 집필진의 기억을 토대로 재구성되었습니다. 실제 기출문제와는 다소 차이가 있을 수 있음을 알려드립니다.

빠른 정답표 ▶ 분석해설편 P.2
정답과 해설 ▶ 분석해설편 P.129

2011

2011.06.25. 국방부(육·해·공군) 시행

⏱ 적정시간 20분

월 일	월 일	월 일
시작 :	시작 :	시작 :
종료 :	종료 :	종료 :
점수	점수	점수

9급 군무원 행정법

01

다음 행정의 분류 방법 중 주체에 의한 분류로 볼 수 없는 것은?

① 국가행정
② 조달행정
③ 위임행정
④ 자치행정

02

다음 법치주의에 대한 설명으로 옳은 것은? (다툼이 있는 경우 판례에 의함)

① 법률우위원칙이 적용되는 것은 행정의 특정영역에 한한다.
② 병의 복무기간은 국방의 강화 여부에 대한 필요성에 따라 군의 통수권자인 대통령과 국방부장관 등에 의해 제정되어야 한다.
③ 헌법재판소에 의하면 교육제도에 관한 기본방침인 중학교 의무교육의 실시 여부 자체 및 의무교육 연한은 중요사항으로 국회에 의해 제정되어야 한다고 한다.
④ 법률의 법규창조력은 엄격히 적용되어 오늘날에도 정부는 법규제정권이 없다.

03

다음 중 행정법의 특수성으로 볼 수 없는 것은?

① 공정력
② 신의성실의 원칙
③ 행정강제제도
④ 행정심판제도

04

다음 중 사인의 공법행위에 대한 설명으로 옳지 않은 것은?

① 「민법」상 비진의의사표시의 무효에 관한 규정은 영업재개신고와 같은 사인의 공법행위에 적용되지 않는다.
② 「행정절차법」상의 신고는 수리를 요하는 신고에 대해 규정하고 있다.
③ 사인의 공법행위에는 명문의 규정이 없는 한 부관을 붙일 수 없다.
④ 주민등록전입신고 수리 여부에 대한 심사는 「주민등록법」의 입법 목적의 범위 내에서 제한적으로 이루어져야 한다.

05

행정입법에 대한 설명으로 옳지 않은 것은? (다툼이 있는 경우 판례에 의함)

① 헌법에 명시된 위임입법의 형식은 예시규정으로 해석되어 헌법에 명시되지 않은 경우에도 법규명령으로 인정된다.
② 법규적 내용을 고시 등의 행정규칙으로 위임하는 경우는 전문적인 사항이나 경미한 사항, 업무의 성질상 위임이 불가피한 사항에 한한다.
③ 처벌규정의 위임은 범죄구성요건의 구체적 기준과 형벌의 상한선을 법률로써 정한 뒤 행정부에 세부적인 사항을 위임할 수 있다.
④ 법령보충규칙이 비록 상위법의 위임범위를 벗어난 경우라도 상위법의 일부가 되어 대외적 구속력을 갖게 된다.

06

다음 중 법규명령의 성립에 대한 설명으로 바르지 않은 것은?

① 법규명령은 문서로 이루어져야 하며, 법조문형식을 따라야 하고 서명, 날인, 일자 번호 등의 형식을 갖추어야 한다.

② 「행정절차법」상 대통령령의 입법예고의 경우에는 국회 소관 상임위원회에 제출하여야 한다.

③ 「행정절차법」 규정에 의하면 국민의 권리와 의무 또는 일상생활과 유관한 경우 등에는 20일 이상 입법예고하여야 한다.

④ 입법예고는 당해 입법안을 마련한 행정청이 한다. 다만, 예고하지 않을 경우에는 법제처장이 예고를 권고하거나 직접 예고할 수 있다.

07

다음 행정행위의 내용 중 강학상의 개념으로 분류할 경우에 성격이 다른 하나는?

① 도로점용허가　　　　② 건축허가
③ 토지거래허가　　　　④ 공매처분

08

다음 중 부관에 대한 설명으로 바르지 않은 것은? (다툼이 있는 경우 판례에 의함)

① 정지조건은 행정행위의 효력의 발생이 장래의 불확실한 사실에 의해 이루어지는 부관이다.

② 종기가 도래하면 행정청의 별도 의사 없이 당연히 효력이 소멸한다.

③ 부담이 무효이면 그 부담을 이행으로 한 사법상 법률행위도 당연히 무효이다.

④ 부담을 이행하기 이전에도 주된 행정행위의 효력은 발생한다.

09

다음 중 공정력에 대한 설명으로 바르지 않은 것은?

① 공정력은 무효인 행정처분과 비행정행위에는 인정되지 않는 효력이다.

② 공정력은 잠정적인 유효성을 인정하는 효력이라서 처분의 위·적법 문제인 입증책임과는 무관하다는 것이 오늘날의 일반적인 입장이다.

③ 공정력과 집행부정지는 일정한 관계에 있다는 견해가 있다.

④ 공정력에 대하여 실정법에 직접 규정되어 있다.

10

다음 설명은 행정행위의 어떤 효력과 가장 관련이 있는가?

> 법무부장관이 X에 대하여 귀화허가를 하였다면, 행정자치부장관(현 행정안전부장관)은 그 귀화허가가 당연무효에 해당하는 하자가 아니라면 귀화허가의 효력을 부정할 수 없고 선거권을 부여하여야 한다.

① 구성요건적 효력(또는 공정력)
② 불가쟁력
③ 불가변력
④ 자력강제력

11

다음 중 취소권 행사가 제한될 수 있는 경우에 해당하지 않는 것은?

① 영업정지처분
② 과세처분의 취소
③ 귀화허가
④ 준사법적 행정처분인 확인

12

다음 중 취소와 철회에 대한 설명으로 옳지 않은 것은? (다툼이 있는 경우 판례에 의함)

① 감독청은 법령에 특별한 규정이 없는 한 철회권자가 아니다.
② 수익적 처분에 대한 직권취소나 철회의 경우 행정청은 별도의 법적 근거 없이 가능하다.
③ 철회권유보의 경우 철회사유의 의사가 상대방에게 표시되어 상대방의 신뢰보호에 대한 주장이 제한되고 행정청은 철회사유 자체만으로도 철회가 가능하다.
④ 행정청에 직권취소사유가 있다는 사정만으로 이해관계인에게 직권취소 신청권이 부여된 것은 아니다.

13

다음 중 실권의 법리에 대한 설명으로 옳은 것은? (다툼이 있는 경우 판례에 의함)

① 현행법상 「행정절차법」에 명문으로 실권의 법리를 규정하고 있다.
② 대법원은 행정서사허가에 대한 취소를 20년 이후에 행하였다면 이는 실권의 법리에 의해 위법한 행정이라 한다.
③ 실권의 법리는 권력관계에만 적용되는 원리로서 비권력적 관계에서는 적용될 수 없다.
④ 대법원은 택시운전기사에 대한 면허취소를 3년이 지난 이후에 행하였다면 이는 신의칙에 따라 파생된 실권의 법리를 위반한 위법 처분이라고 한다.

14

다음의 행정행위의 하자에 대한 설명으로 옳지 않은 것은? (다툼이 있는 경우 판례에 의함)

① 처분의 근거법이 처분 이후에 헌법재판소에 의해 위헌결정이 있었다 해도 그 처분을 당연무효라고 볼 수는 없다.
② 처분의 하자치유는 적어도 쟁송제기 이전까지만 제한적으로 인정된다.
③ 수익적 처분의 하자를 이유로 그 처분을 직권으로 취소하는 경우에 반드시 법적 근거를 요하는 것은 아니다.
④ 하자승계는 무효인 경우에 승계를 인정하지 않아 하자승계를 논의할 필요가 없다.

15

다음 중 「행정절차법」상 행정지도원칙이나 방식으로 옳지 않은 것은?

① 불이익조치금지원칙　　② 행정지도 문서원칙
③ 행정지도 실명제　　　　④ 과잉금지원칙

16

「공공기관의 정보공개에 관한 법률」에 대한 설명으로 옳지 않은 것은? (다툼이 있는 경우 판례에 의함)

① 사립학교도 정보공개의무가 있는 공공기관에 해당한다.
② 외국인에게도 일정한 경우에 정보공개청구권이 부여된다.
③ 제3자가 자신의 정보에 대한 비공개를 공공기관에 요청하는 경우에 공공기관은 이에 구속된다.
④ 정보의 공개 및 우송 등에 드는 비용은 실비(實費)의 범위에서 청구인이 부담한다.

17

다음의 행정의 실효성 확보수단 중 옳은 것은? (다툼이 있는 경우 판례에 의함)

① 토지의 명도나 인도의무도 행정대집행대상이 된다.
② 「건축법」상 이행강제금은 항고소송대상인 처분이라 할 수 없다.
③ 행정대집행에 소요된 비용은 행정청이 부담함이 원칙이다.
④ 영장 없는 즉시강제를 위법이라 할 수 없다.

18

다음 중 「행정조사기본법」에 대한 설명으로 바르지 않은 것은?

① 조세·형사·행형 및 보안처분에 관한 사항은 「행정조사기본법」이 적용되지 않아 「행정조사기본법」상의 행정조사기본원칙에 따르지 않아도 된다.
② 행정기관은 유사하거나 동일한 사안에 대하여는 공동조사 등을 실시함으로써 행정조사가 중복되지 아니하도록 하여야 한다.
③ 행정조사는 법령 등 또는 행정조사운영계획으로 정하는 바에 따라 정기적으로 실시함을 원칙으로 하지만 수시조사도 가능하다.
④ 조사원이 현장조사 중에 자료·서류·물건 등을 영치하는 때에는 조사대상자 또는 그 대리인을 입회시켜야 한다.

19

「질서위반행위규제법」에 대한 설명으로 바르지 않은 것은?

① 고의 또는 과실이 없는 질서위반행위는 과태료를 부과하지 아니한다.
② 대한민국 영역 밖에 있는 대한민국의 선박 또는 항공기 안에서 질서위반행위를 한 외국인에게도 이 법에 의해 과태료를 부과할 수 있다.
③ 질서위반행위의 성립과 과태료처분은 과태료 부과처분 시의 법률에 따른다.
④ 자신의 행위가 위법하지 아니한 것으로 오인하고 행한 질서위반행위는 그 오인에 정당한 이유가 있는 때에 한하여 과태료를 부과하지 아니한다.

20

「행정절차법」상의 규정 중 의견청취에 대한 설명으로 바르지 않은 것은?

① '공청회'란 행정청이 공개적인 토론을 통하여 어떠한 행정작용에 대하여 당사자 등, 전문지식과 경험을 가진 사람, 그 밖의 일반인으로부터 의견을 널리 수렴하는 절차를 말한다.
② 온라인공청회는 공청회의 질서유지 등이 곤란한 경우에 한하여 실시한다.
③ 행정청이 당사자에게 의무를 부과하거나 권익을 제한하는 처분을 할 때 청문 또는 공청회의 경우 외에도 당사자 등에게 의견제출의 기회를 주어야 한다.
④ 당사자 등은 처분 전에 그 처분의 관할 행정청에 서면이나 말 또는 정보통신망을 이용하여 의견제출을 할 수 있다.

21

다음 중 국가배상에 대한 설명으로 바르지 않은 것은?

① 「국가배상법」상의 공무원은 일시적·한정적인 공무수행자의 경우에도 포함된다.
② 처분이 항고소송에서 취소되었다고 해서 공무원의 고의나 과실이 당연히 인정되어 국가배상이 되는 것은 아니다.
③ 공무원의 작위의무에 대한 명문의 규정이 없는 한 공무원의 부작위에 의한 국가배상은 성립되기 곤란하다.
④ 공무원의 직무가 결과적으로 위법하다고 하여도 당시의 행정규칙에 따라 이루어진 처분이라면 국가배상은 인정되기 어렵다.

22

다음 중 소송에서 입증책임에 대한 설명으로 바르지 <u>않은</u> 것은? (다툼이 있는 경우 판례에 의함)

① 공정력과 입증책임은 무관하다는 것이 일반적인 입장이다.
② 대법원은 무효등확인소송에서의 입증책임은 피고에게 있다는 입장이다.
③ 법률요건분류설에 의하면 처분의 적법성에 대한 요건사실은 피고에게 있다.
④ 사정판결의 필요성에 대한 입증책임은 법률요건분류설에 의하면 피고에게 있다.

23

다음 중 행정소송에 대한 설명으로 바르지 <u>않은</u> 것은? (다툼이 있는 경우 판례에 의함)

① 처분에 대한 무효확인을 구하는 소송은 취소소송의 형식으로도 가능하며, 무효인 경우에 취소소송의 요건을 구비하지 않아도 무효확인에 대한 인용이 가능하다.
② 공공단체를 상대로 하는 당사자소송의 경우에는 가집행선고를 할 수 있다.
③ 부작위위법확인소송도 행정심판을 청구한 이후에는 제소기간이 적용된다.
④ 취소소송에서 처분의 위법 여부를 판단하는 시점은 처분시가 된다.

24

다음 중 행정쟁송에 대한 설명으로 바르지 <u>않은</u> 것은? (다툼이 있는 경우 판례에 의함)

① 행정처분시에 행정심판의 청구기간에 대하여 안내하지 않았다면 처분이 있음을 상대방이 알았다고 해도 처분이 있은 날로부터 제기기간이 180일이 된다.
② 행정심판재결에 불복한다고 하여 다시 중앙행정심판위원회에 심판을 청구할 수 없다.
③ 일정한 처분을 하여서는 아니 된다는 소송은 현행법에 규정이 없지만 대법원에 의해 무명항고소송으로 인정되고 있다.
④ 처분이 있은 뒤에 그 처분에 관계되는 권한이 다른 행정청에 승계된 경우에는 그 권한을 승계한 행정청을 피고로 한다.

25

다음 중 지방자치제도와 관련된 내용으로 바르지 <u>않은</u> 것은?

① 읍·면·동은 지방자치단체라 할 수 없다.
② 주민에게는 조례제정과 개폐청구권이 있다.
③ 주민에게는 감사청구권이 있다.
④ 주민은 감사청구와 상관없이 주민소송을 제기할 수 있다.

※ 2011년도 기출복원문제는 시험 응시자들과 집필진의 기억을 토대로 재구성되었습니다. 실제 기출문제와는 다소 차이가 있을 수 있음을 알려드립니다.

빠른 정답표 ▶ 분석해설편 P.2
정답과 해설 ▶ 분석해설편 P.139

2010

2010.06.26. 국방부(육·해·공군) 시행

⏱ 적정시간 18분

월 일	월 일	월 일
시작 :	시작 :	시작 :
종료 :	종료 :	종료 :
점수	점수	점수

9급 군무원 행정법

01

다음 중 행정법에 대한 설명으로 바르지 않은 것은?

① 행정법은 통일적인 단일법전을 구성하고 있지 않으나 공통적인 원리를 가지고 있다.

② 행정법은 획일적·강행적 성질을 가지고 있어 성문법을 원칙으로 한다.

③ 국제법은 행정법의 법원으로 인정될 수 없다.

④ 행정법은 기술적이고 수단적인 성질을 가지고 있다는 것이 일반적인 견해이다.

02

다음 중 법치행정의 원리에 대한 설명으로 바르지 않은 것은?

① 헌법재판소는 TV수신료는 중요사항으로서 법률에 근거가 있어야 한다는 입장이다.

② 일반적인 입장에 따르면 법률에 근거가 없는 재량행사는 위법하다.

③ 법률에 의한 구체적 수권에 의해 행정부가 위임범위 내에서 새로운 법규를 제정하였다고 해서 법률의 법규창조력에 위반된다고 볼 수 없다.

④ 의회유보설은 행정의 법률에 의한 규정의 정도를 강조하는 입장이다.

03

다음 중 행정상 법률관계에 관한 설명으로 바르지 않은 것은? (다툼이 있는 경우 판례에 의함)

① 국유재산무단점유자에 대한 변상금 부과처분은 사법관계이다.

② 행정법에 흠결이 있는 경우에 사법(私法)을 적용할 수 있다.

③ 권력관계에는 원칙적으로 사법(私法)이 적용되지 않는다.

④ 구체적인 사건의 소송절차를 결정하기 위하여 공법·사법의 구별이 필요하다.

04

다음 중 행정주체에 대한 설명으로 옳지 않은 것은? (다툼이 있는 경우 판례에 의함)

① 사인이 별정우체국의 지정을 받아 체신업무를 수행하는 별정우체국장은 행정주체이다.

② 행정업무를 사인에게 위탁하여 처리하는 경우에는 법적 근거가 있어야 한다.

③ 소득세원천징수의무자는 공무수탁사인으로서 행정주체이다.

④ 국가는 시원적 행정주체이다.

05

다음 개인적 공권에 대한 설명 중 바르지 않은 것은? (다툼이 있는 경우 판례에 의함)

① 합의하에 소권을 포기할 수 있다.

② 헌법상의 사회권을 직접 근거로 한 개인적 공권은 인정될 수 없다.

③ 일정한 권리는 양도나 압류가 제한된다.

④ 공권의 성립근거로 청구권능은 불요하다는 것이 일반적인 입장이다.

06

다음 중 사인의 공법행위에 대한 설명으로 바르지 <u>않은</u> 것은? (다툼이 있는 경우 판례에 의함)

① 수리를 필요로 하는 신고의 경우 반드시 신고필증을 요하는 것은 아니다.
② 자기완결적 신고의 경우에도 행정청의 수리를 통해서 법적 효과가 발생한다.
③ 수리를 필요로 하는 신고의 경우에 원칙적으로 형식적 요건심사에 한한다.
④ 사인의 공법행위가 행정행위의 단순동기에 불과한 경우에는 사인의 공법행위의 하자가 행정행위에 아무런 영향이 없다.

07

다음 중 행정입법에 대한 설명으로 바르지 <u>않은</u> 것은? (다툼이 있는 경우 판례에 의함)

① 헌법에 명시된 위임입법형식은 열기규정에 해당하여 법규적인 사항은 고시 등으로 위임할 수 없다.
② 대통령령으로 규정된 처분기준은 법규명령으로 보는 경향이다.
③ 법규명령에 대하여 헌법소원이 가능하다는 것이 헌법재판소의 입장이다.
④ 법률에서 법규명령에 대한 포괄적 위임은 금지된다.

08

다음 행정행위에 대한 설명으로 바르지 <u>않은</u> 것은? (다툼이 있는 경우 판례에 의함)

① 일반처분은 행정행위에 해당되지 않는다.
② 석유판매업은 대물적 행정행위이다.
③ 재량과 기속에 대한 구분은 행정에 대한 선택가능성 여부에 의한다.
④ 자동화작용에 의한 행정도 행정행위가 될 수 있다.

09

다음 중 행정행위의 효력에 대한 설명으로 바르지 <u>않은</u> 것은? (다툼이 있는 경우 판례에 의함)

① 불가쟁력이 발생한 처분이라도 당연 불가변력이 발생하는 것은 아니다.
② 불가쟁력은 처분의 하자를 치유하는 효력이 발생하는 것이 아니라서 불가쟁력 이후에도 국가배상이 가능하다.
③ 비록 행정처분의 하자가 무효에 해당된다고 해도 권한 있는 기관에 의해 효력이 부정될 때까지는 그 효력을 인정하여야 한다.
④ 일정한 처분의 경우에는 행정청 자신도 취소나 변경할 수 없는 효력이 인정된다.

10

다음 명령적 행정행위에 대한 내용 중 옳은 것은? (다툼이 있는 경우 판례에 의함)

① 하명을 위반한 행위는 제재나 강제대상이 되며, 위반한 행위의 효력도 인정될 수 없다.
② 부작위의무를 해제하여 자연적 자유를 회복시켜 주는 이른바 강학상 허가는 재량을 원칙으로 한다.
③ 토지거래허가는 명령적 행정행위로서 강학상 허가에 해당한다.
④ 강학상 허가는 출원 없는 경우에도 가능하다.

11

다음 중 행정행위의 내용이 바르게 연결된 것은?

① 약사·의사·한의사면허 – 특허(설권행위)
② 도로점용허가 – 특허(설권행위)
③ 하천점용허가 – 인가(보충행위)
④ 귀화허가 – 허가(강학상)

12

다음 중 행정상 확약에 대한 설명으로 바르지 <u>않은</u> 것은? (다툼이 있는 경우 판례에 의함)

① 내인가에 대한 인가신청에 내인가를 취소하는 행위는 신청에 대한 거부처분이다.
② 확약에 종기가 있는 경우 종기 도래로써 실효된다.
③ 어업권 순위결정에는 공정력 등의 효력이 부여되어 있다.
④ 확약은 별도의 법적 근거가 없어도 가능하다.

13

다음 중 공법상 계약에 대한 설명으로 바르지 <u>않은</u> 것은?

① 공법상 계약에 대하여 「행정절차법」에 규정을 두고 있다.
② 주로 계약내용이 정형화된 부합계약형식이다.
③ 지방계약직 공무원에 대한 계약의 해지는 항고소송대상인 처분이 아니다.
④ 공법상 계약에 대한 소송은 당사자소송에 의한다.

14

다음 중 행정지도에 대한 설명으로 바르지 <u>않은</u> 것은?

① 행정지도는 「국가배상법」상의 직무에 포함되지 않는다.
② 행정지도에 대한 실정법적 규정이 있다.
③ 행정지도는 사실상의 구속력을 가지고 있는 경우가 많다.
④ 행정지도도 일정한 경우에는 헌법소원의 대상이 된다.

15

다음 중 행정계획에 대한 설명으로 옳지 <u>않은</u> 것은? (다툼이 있는 경우 판례에 의함)

① 대법원은 행정계획에 대하여 처분성을 일관되게 부정하고 있다.
② 일반적인 행정법규와 달리 계획법규는 목적프로그램이며 요건과 효과에 대한 공백규정으로 형성의 자유를 부여하는 경우가 일반적이다.
③ 행정계획의 가변적 속성과 신뢰보호는 충돌하는 경우가 있다.
④ 행정계획에서의 형량명령원리는 비례원칙의 구체화라 할 수 있다.

16

다음 중 「공공기관의 정보공개에 관한 법률」에 대한 설명으로 옳은 것은?

① 정보공개의 청구는 문서, 전화, 인터넷 등 형식에 제한이 없다.
② 정보공개의무를 지는 공공기관에 사립학교도 포함된다.
③ 정보공개청구는 당해 정보와 이해관계가 있는 당사자가 아니면 청구할 수 없다.
④ 정보공개에 대한 청구를 받은 공공기관은 14일 이내에 정보공개 여부를 결정하여야 한다.

17

다음 중 행정대집행에 관한 설명으로 바르지 <u>않은</u> 것은? (다툼이 있는 경우 판례에 의함)

① 2차·3차 계고는 항고소송대상인 처분이 아니다.
② 법령에 특별한 규정이 없는 한 감독청은 대집행 주체가 될 수 없다.
③ 계고에 하자가 있는 경우에 영장통지에 하자가 승계된다.
④ 건물의 인도나 명도의무도 행정대집행대상이 된다.

18

다음 「행정절차법」상의 행정입법예고나 행정예고에 관한 내용 중 바르지 않은 것은?

① 상위법령 등의 단순한 집행을 위한 경우에는 입법예고를 하지 아니한다.
② 행정청은 대통령령을 입법예고하는 경우 국회 소관 상임위원회에 이를 제출하여야 한다.
③ 행정예고기간은 예고 내용의 성격 등을 고려하여 정하되, 특별한 사정이 없으면 20일 이상으로 한다.
④ 행정계획은 「행정절차법」에 규정이 없어 주요한 이해가 상충되는 경우에도 행정예고를 하지 아니한다.

19

「국가배상법」상 공무원이 아닌 자를 모두 고르면? (다툼이 있는 경우 판례에 의함)

┌─────────────────────────────┐
│ ㉠ 시영버스운전사   │
│ ㉡ 전입신고 확인인을 찍는 통장   │
│ ㉢ 의용소방대원   │
│ ㉣ 미군부대 카투사   │
│ ㉤ 교통할아버지   │
└─────────────────────────────┘

① ㉠, ㉢   ② ㉠, ㉤
③ ㉡, ㉢   ④ ㉢, ㉣

20

다음 중 행정상 손실보상에 대한 설명으로 바르지 않은 것은? (다툼이 있는 경우 판례에 의함)

① 헌법상의 정당보상은 완전보상을 의미한다.
② 사업시행자는 재결청구를 받았을 때에는 그 청구를 받은 날부터 60일 이내에 관할 토지수용위원회에 재결을 신청하여야 한다.
③ 개발제한구역의 설정으로 지가가 하락한 경우에도 적정한 보상이 필요하다.
④ 보상은 사전보상을 원칙으로 한다.

21

다음 중 행정상 손실보상원칙에 대한 설명으로 바르지 않은 것은?

① 적법한 공권력 행사를 전제로 한다.
② 사업시행자 보상을 원칙으로 한다.
③ 개별불을 원칙으로 한다.
④ 현물보상을 원칙으로 한다.

22

다음 중 행정소송에서 임시구제인 집행정지에 관한 설명으로 바르지 않은 것은?

① 무효인 행정행위와 부작위는 집행정지가 인정되지 않는다.
② 집행정지는 논리적으로 적법한 소청구를 전제로 한다.
③ 대법원에 의하면 이유없음이 명백하지 않아야 집행정지가 인정된다.
④ 집행정지에 대한 결정에 불복할 수 있다.

23

다음 중 행정소송에 대한 내용으로 바르지 <u>않은</u> 것은?

① 행정심판을 반드시 전치하여야 하는 것은 아니다.
② 기판력은 사실심변론종결시를 기준으로 발생한다.
③ 「행정소송법」에는 소송청구 제소기간에 대한 불고지나 오고지규정을 두고 있다.
④ 자연물인 도룡뇽은 원고적격이 될 수 없다.

24

다음 중 처분성이 인정되지 <u>않는</u> 것은? (다툼이 있는 경우 판례에 의함)

① 원천징수의무자인 법인에 대한 소득금액변동통지
② 건축계획심의신청 반려행위
③ 해양수산부장관의 해양 항만 명칭결정
④ 지적공부 소관청의 지목변경신청 반려행위

25

다음은 행정소송에 있어 법률상 이익에 대한 판례들이다. 바르지 <u>않은</u> 것은?

① 대학입학고사 불합격처분의 취소를 구하는 소송계속 중 당해 연도의 입학시기가 지나고 입학정원에 못 들어가게 된 경우 소의 이익이 없다.
② 교도소 수형자의 영치품 사용신청 불허처분에 대한 취소소송 중 다른 교도소로 이송하였다고 해도 소익은 있다.
③ 전공이 다른 교수가 임용되었다고 하더라도 교수임용처분의 취소를 구할 법률상 이익이 대학생에게는 부여되지 않는다.
④ 학교법인 임원취임승인 취소처분 후 임기가 만료된 경우라도 소익은 있다.

※ 2010년도 기출복원문제는 시험 응시자들과 집필진의 기억을 토대로 재구성되었습니다. 실제 기출문제와는 다소 차이가 있을 수 있음을 알려드립니다.

빠른 정답표 ▶ 분석해설편 P.2
정답과 해설 ▶ 분석해설편 P.149

2009

2009.06.27. 국방부(육·해·공군) 시행

⏱ 적정시간 21분

월	일	월	일	월	일
시작 :		시작 :		시작 :	
종료 :		종료 :		종료 :	
점수		점수		점수	

9급 군무원 행정법

01

다음 설명 중 옳은 것은? (다툼이 있는 경우 판례에 의함)

① 행정은 소극적·수동적인 국가작용이며 추상적 규율이다.
② 대법원규칙 제정은 실질적 의미의 입법에 해당한다.
③ 통치행위에 대한 직접적인 명문규정은 헌법 제64조 제4항이다.
④ 행정법은 통일된 법전을 두고 있다.

02

다음 중 행정법의 일반원칙에 대한 설명으로 옳지 않은 것은? (다툼이 있는 경우 판례에 의함)

① 신뢰보호에서 행정청의 공적 견해표명은 적법할 것을 요건으로 한다.
② 주택사업계획승인을 함에 있어 관련 없는 토지의 기부채납에 부관을 붙인 것은 부당결부금지원칙에 위반된다.
③ 대법원에 의하면 실권의 법리는 신의성실원칙에 의거한다.
④ 상대방의 사위나 사실은폐에 의한 수익적 처분은 행정청의 직권취소에 신뢰보호의 원용이 제한된다.

03

행정상 법률관계 중 공법관계에 해당하지 않는 것은? (다툼이 있는 경우 판례에 의함)

① 「하천법」상 준용하천의 제외지로 편입된 토지소유자가 직접 하천관리청을 상대로 한 손실보상청구권
② 서울특별시립무용단 단원의 위촉과 해촉
③ 단수처분
④ 국유잡종재산(현 일반재산)에 대한 대부와 대부료 부과행위

04

다음 설명 중 옳지 않은 것은? (다툼이 있는 경우 판례에 의함)

① 특별권력관계의 내용으로는 명령권과 징계권이 있다.
② 기간계산은 법 기술적 약속으로서 공법상 특별한 규정이 없는 한 「민법」상의 기간계산이 적용된다.
③ 공법상 시효는 다른 법률에서 5년보다 단기로 규정한 경우를 제외하고는 5년이다.
④ 예정공물은 시효취득대상이라서 요건이 충족되면 사인이 시효로써 취득할 수 있다.

05

인근에 위치한 건축물이 불법으로 용도를 변경하고 건축물을 무단축조하여 위험에 처해 있는 자가 행정청에 해당 건축물에 대한 건축허가의 취소나 철거명령을 요청하였으나 행정청은 재량을 이유로 행정을 하지 않고 있다. 그러나 위험이 현실에 직면해 있어 행정청의 부작위는 위법하다고 판단된다면 이에 청구할 수 있는 적절한 권리는 어떤 것인가?

① 협의의 행정개입청구권   ② 무하자재량행사청구권
③ 결과제거청구권   ④ 부당이득반환청구권

06

다음 중 행정입법부작위에 대한 설명으로 옳은 것은? (다툼이 있는 경우 판례에 의함)

① 상위법에서 명령으로 위임을 하였으나 상위법만으로도 집행이 가능한 경우에는 행정입법부작위가 성립되지 않는다.

② 행정입법부작위는 대법원에 의할 경우 부작위위법확인 소송을 통해 구제가 가능하다.

③ 행정입법부작위는 국민의 기본권에 직접 영향을 주는 것은 아니어서 헌법소원의 대상이 될 수 없다.

④ 행정입법부작위는 국민에 대한 정치적 책임일 뿐 개개인에 대한 법적 책임문제는 아니어서 국가배상이 곤란하다.

07

다음 중 행정행위에 대한 설명으로 바르지 <u>않은</u> 것은? (다툼이 있는 경우 판례에 의함)

① 군의관의 신체등위판정은 항고소송대상인 행정처분에 해당한다.

② 공법상 계약이나 공법상 합동행위는 항고소송대상인 처분이 아니다.

③ 불특정다수인을 대상으로 하는 일반처분도 항고소송대상인 처분이다.

④ 고시형식으로 되어 있으나 국민이나 권리의무에 직접적이고 구체적인 영향을 미치는 행위라면 행정행위에 해당한다.

08

다음 중 기속과 재량에 대한 설명으로 바르지 않은 것은?

① 기속과 재량은 사법심사방식이 다르다.

② 대법원은 교과서검정을 판단여지라고 하였다.

③ 요건재량설과 달리 효과재량설은 행정행위의 성질을 기준으로 재량과 기속을 구분하려는 입장이다.

④ 판단여지설은 요건에 불확정 개념이 사용된 경우에 대한 논의이다.

09

다음 중 행정행위의 내용이 바르게 연결된 것은? (다툼이 있는 경우 판례에 의함)

① 귀화허가 – 허가

② 발명특허 – 설권행위(특허)

③ 재단법인의 정관변경승인 – 보충행위(인가)

④ 개인택시면허 – 허가

10

다음 중 부관에 대한 설명으로 옳지 <u>않은</u> 것은? (다툼이 있는 경우 판례에 의함)

① 기속에 부관을 붙이면 무효이다.

② 부담과 법률효과 일부배제만이 독립쟁송대상이 된다.

③ 법정부관은 부관의 한계가 동일하게 적용되지 않는다.

④ 숙박업허가에 윤락을 알선할 경우에 취소하겠다는 부관은 철회권유보에 해당한다.

11

다음 중 행정행위의 하자승계에 대한 설명으로 옳지 <u>않은</u> 것은? (다툼이 있는 경우 판례에 의함)

① 개별공시지가결정과 과세처분은 각각 별개의 법효과를 목적으로 하여 하자승계를 인정하지 않는다.

② 공무원의 직위해제처분에 하자가 있음을 이유로 그 이후의 면직처분에 대하여 쟁송을 제기할 수 없다.

③ 하자승계는 선행처분이 무효가 아니고 불가쟁력이 발생한 경우에 논의된다.

④ 표준공시지가결정과 수용재결 사이에는 하자승계를 인정한다.

12

행정행위의 취소와 철회에 관한 설명 중 바르지 <u>않은</u> 것은?

① 취소는 성립 당시 하자에 따라 소급하여 효력이 소멸되는 반면, 철회는 장래효이다.
② 주로 취소가 손해배상이 문제가 되는 반면, 철회는 손실보상이 문제가 된다.
③ 취소는 감독청에 권한이 부여되어 있는지에 대한 다툼이 있는 반면, 철회는 감독청에 권한이 없다는 것이 일반적인 입장이다.
④ 취소는 성립 당시 하자를 원인으로 하여 법적 근거 없이 가능하나 철회는 법적 근거가 필요하다.

13

다음 중 행정지도에 대한 설명으로 옳은 것은?

① 행정지도는 헌법소원대상이 될 수 있다.
② 행정지도는 항고소송대상인 처분이다.
③ 행정지도에 대한 법적 규정은 없다.
④ 행정지도에 따르지 않으면 불이익조치를 취할 수 있다.

14

행정상 실효성 확보수단에 대한 설명으로 옳지 <u>않은</u> 것은? (다툼이 있는 경우 판례에 의함)

① 통고처분에 불복하는 경우에는 행정소송을 청구할 수 없다.
② 영업정지 등에 갈음하는 과징금을 부과할 수 있다.
③ 가산세는 본세가 확정된 경우에 부과할 수 있으며, 원칙적으로 고의나 과실을 요건으로 한다.
④ 이행강제금은 대체적 작위의무불이행의 경우에도 부과할 수 있다.

15

다음 중 행정대집행의 대상으로 적절한 것은?

① 도시공원시설인 매점의 점유배제
② 소방도로상의 불법광고물의 제거
③ 장례식장 사용중지의무
④ 수용대상 토지의 인도의무

16

다음 중 「질서위반행위규제법」의 내용으로 바르지 <u>않은</u> 것은?

① 법률에 따르지 아니하고는 어떤 행위도 질서위반행위로 과태료를 부과하지 아니한다.
② 고의나 과실이 없는 경우에도 질서위반행위는 과태료를 부과한다.
③ 자신의 행위가 위법하지 아니한 것으로 오인하고 행한 질서위반행위는 그 오인에 정당한 이유가 있는 때에 한하여 과태료를 부과하지 아니한다.
④ 2인 이상이 질서위반행위에 가담한 때에는 각자가 질서위반행위를 한 것으로 본다.

17

다음 중 「행정절차법」에 대한 설명으로 바르지 <u>않은</u> 것은?

① 청문에 대하여서만 문서열람, 복사요청 등에 관한 규정이 있다.
② 「행정절차법」에는 처분절차, 신고절차, 공법상 계약절차, 행정계획절차 등이 규정되어 있다.
③ 「행정절차법」은 행정청간의 관계에 대한 규정이 있다.
④ 「행정절차법」에는 신의성실뿐 아니라 과잉금지규정도 찾아볼 수 있다.

18

다음 중 「행정절차법」상의 청문사전통지기간, 공청회사전통지기간, 행정예고기간이 모두 바르게 연결된 것은?

	청문사전통지	공청회사전통지	행정예고
①	10일 전	7일 전	40일 이상
②	7일 전	10일 전	30일 이상
③	14일 전	14일 전	30일 이상
④	10일 전	14일 전	20일 이상

19

다음 중 법률상 이익이 인정된 것은? (다툼이 있는 경우 판례에 의함)

① 담배 일반소매인간의 취소소송
② 도로점용허가처분에 대한 기존 무단점유자의 취소청구
③ 건물건축 과정에서 피해를 입은 자의 인접주택의 신축건물에 대한 사용검사처분의 취소소송
④ 제3자의 상수원보호구역변경처분의 취소

20

다음 국가의 손해배상에 관한 설명으로 바르지 않은 것은? (다툼이 있는 경우 판례에 의함)

① 군무원은 2중배상금지제도에 포함되는 공무원이 아니다.
② 「국가배상법」 제2조는 공무원에 대한 직무상의 불법행위에 대한 책임으로서 과실책임이 원칙이다.
③ 군비행장의 소음 정도를 알고도 인근으로 이주한 경우에 가해자의 면책은 인정될 수 있다.
④ 의용소방대원은 「국가배상법」상의 공무원이 아니다.

21

다음 중 손실보상과 관련된 내용으로 옳지 않은 것은?

① 생활보상은 정책적 배려에 해당한다는 것이 판례의 입장이다.
② 수용적 침해는 비의도적인 이례적 침해에 대한 보상과 관련된다.
③ 침해규정과 보상규정을 불가분적 조항으로 보는 견해는 위헌무효설이다.
④ 보상규정이 없어도 보상을 통한 구제를 하고자 하는 견해가 분리이론이다.

22

의도하지 않은 공사의 장기화 등으로 공사현장의 인근 상인들에게 영업상의 피해가 발생한 경우의 구제제도와 관련된 것은?

① 원상회복청구
② 수용침해
③ 수용적 침해
④ 수용유사적 침해

23

「행정심판법」상 규정으로 옳지 않은 것은?

① 의무이행심판은 처분을 신청한 자로서 행정청의 거부처분 또는 부작위에 대하여 일정한 처분을 구할 법률상 이익이 있는 자가 청구할 수 있다.
② 법인이 아닌 사단 또는 재단으로서 대표자나 관리인이 정하여져 있는 경우에는 그 사단이나 재단의 이름으로 심판청구를 할 수 있다.
③ 여러 명의 청구인이 공동으로 심판청구를 할 때에는 청구인들 중에서 5명 이하의 선정대표자를 선정할 수 있다.
④ 청구인이 사망한 경우에는 상속인이나 그 밖에 법령에 따라 심판청구의 대상에 관계되는 권리나 이익을 승계한 자가 청구인의 지위를 승계한다.

24

신청에 대한 행정청의 무응답에 대한 설명으로 옳지 <u>않은</u> 것은?

① 법규상·조리상 정당한 신청권에 근거한 신청이 아니면 무응답은 위법한 부작위라 할 수 없다.
② 일정기간의 무응답을 거부로 간주하는 규정이 있는 경우에는 부작위라 할 수 없다.
③ 부작위위법확인소송에서 신청인이 인용판결을 받을 경우 행정청은 신청에 대한 거부처분을 할 수 없다.
④ 신청에 대한 무응답은 취소심판대상은 아니지만 의무이행심판대상은 될 수 있다.

25

행정소송에 관한 설명 중 옳지 <u>않은</u> 것은? (다툼이 있는 경우 판례에 의함)

① 대법원에 의하면 소장의 기록에 나타나 있는 범위 내에서 주장하지 않은 것도 직권으로 심리할 수 있다고 한다.
②「행정소송법」규정에 의하면 법원의 직권으로 소변경이 가능하다.
③ 사정판결은 무효인 처분에는 인정될 수 없다.
④ 처분에 대한 취소판결이 있게 되면 행정청의 별도 취소처분 없이 판결로써 처분의 효력은 소급소멸하게 된다.

※ 2009년도 기출복원문제는 시험 응시자들과 집필진의 기억을 토대로 재구성되었습니다. 실제 기출문제와는 다소 차이가 있을 수 있음을 알려드립니다.

빠른 정답표 ▶ 분석해설편 P.2
정답과 해설 ▶ 분석해설편 P.159

2008

2008.06.14. 국방부(육·해·공군) 시행

적정시간 16분

월 일	월 일	월 일
시작 :	시작 :	시작 :
종료 :	종료 :	종료 :
점수	점수	점수

9급 군무원 행정법

01

다음 중 실질적 의미의 행정에는 속하나 형식적 의미의 행정이 아닌 것은?

① 대법원규칙 제정
② 국회사무총장의 직원 임명
③ 행정심판의 재결
④ 지방공무원 임명

02

다음 중 통치행위와 관련이 없는 것은?

① 사법부자제설 　　② 열기주의
③ 고도의 정치성 　　④ 내재적 한계설

03

법률유보에 대한 설명 중 옳지 않은 것은? (다툼이 있는 경우 판례에 의함)

① 현대행정에 가장 잘 부합되며 권력분립원칙에 가장 충실한 학설은 전부유보설이다.
② 법률유보의 개념은 자유주의원리를 그 이념으로 한다.
③ 급부행정유보설은 법률을 통한 사회국가원리와 평등권을 구현하고자 하는 견해이다.
④ 특별권력관계 내에서의 권익침해에 대해서도 법률의 근거를 요한다는 입장은 신침해유보설이다.

04

행정법의 법원(法源)에 대한 설명 중 바르지 않은 것은?

① 성문법계 국가에서도 불문법계 국가에서도 법의 인식근거[= 법원(法源)]는 논의된다.
② 우리나라의 경우 성문법을 원칙으로 하나, 불문법을 부정하지 않는다.
③ 관습법은 성문법을 개폐하는 효력을 가지고 있다는 것이 일반적인 견해이다.
④ 조리는 최후의 보충법원으로 기능한다.

05

적합성의 원칙, 필요성의 원칙, 상당성의 원칙의 행정요건과 관련이 있는 원칙은 어느 것인가?

① 자기구속의 법리 　　② 과잉금지원칙
③ 부당결부금지원칙 　　④ 신뢰보호원칙

06

신뢰보호의 원칙에 관한 설명 중 바르지 않은 것은?

① 독일의 판례는 신의칙에서 근거를 찾고 있으나 현재의 다수설은 법적 안정성설이다.
② 수익적 처분의 취소나 철회제한, 확약, 계획보장청구 등과 관련된 원칙이다.
③ 신뢰보호와 법률적합성이 충돌하는 경우 법률적합성이 우선한다.
④ 우리의 현행법에 명문의 규정을 두고 인정하고 있다.

07

행정법의 일반원칙에 대한 설명으로 옳은 것은?

① 과잉금지원칙은 급부행정에는 적용되지 않는다.
② 신뢰보호는 선행조치의 적법성을 요건으로 한다.
③ 비례원칙을 위반한 처분은 위법하나, 부당결부금지원칙을 위반한 처분은 부당에 그친다.
④ 자기구속의 법리는 위법한 처분이 반복된 경우에 인정될 수 없다.

08

다음의 내용과 가장 관련이 있는 법의 일반원칙은?

> 원고의 행정행위 위반이 있은 후 장기간에 걸쳐 아무런 행정조치가 없이 3년이 지난 후에 이를 이유로 운전면허를 취소하는 것은 행정청이 그간 별다른 행정조치를 하지 않은 것을 믿은 신뢰의 이익과 법적 안정성을 빼앗는 매우 가혹한 것이라 할 것이다. (대판 1987.9.8., 선고 87누373)

① 신뢰보호원칙　　　② 부당결부금지원칙
③ 실권의 법리　　　④ 과잉금지원칙

09

다음은 행정상 법률관계에서 공법관계와 사법관계에 대한 설명이다. 바르지 않은 것은?

① 국고관계는 행정주체의 활동이라도 공법관계라고 할 수 없어 사법(私法)이 적용되며, 이에 대한 분쟁은 민사소송으로 진행된다.
② 공법과 사법을 구분하는 견해 중 주체설은 행정주체의 활동은 공법이고 사인의 행위는 사법(私法)이라는 주장이다.
③ 관리관계는 원칙적으로 공법이 적용되며, 공공성과 윤리성에 관계하지 않는 활동에 대해 예외적으로 사법(私法)이 적용되는 관계를 말한다.
④ 권력관계는 본래적 공법관계로서 원칙적으로 사법(私法)이 적용되지 않는 관계이다.

10

다음 중 특별권력관계가 아닌 것은?

① 현역군인으로 입영
② 국공립병원의 강제입원
③ 교도소 재소자관계
④ 서울특별시 지하철공사의 임원과 직원의 근무관계

11

다음 중 사인의 공법행위에 해당하는 것은?

① 군무원 시험에 응시
② 건축주 명의변경신고의 수리
③ 건축허가
④ 주택의 매매행위

12

행정행위의 공정력(또는 구성요건적 효력)에 관한 설명으로 옳은 것은? (다툼이 있는 경우 판례에 의함)

① 처분이 취소되지 않으면 민사법원에서 국가배상은 인정되기 어렵다.
② 일반적인 견해에 의하면 행정정책설에 근거를 두어 처분의 적법성이 추정된다.
③ 공정력에 의해 입증책임은 원고에게 부여된다.
④ 공정력에 대한 직접적인 실정법적 근거는 없다.

13

명령적 행정행위에 대한 설명으로 옳지 않은 것은?

① 자연적 자유를 제한하거나 제한된 자유를 회복시켜 주는 행정처분으로 이를 위반하면 무효이다.
② 하명은 주로 사실행위를 대상으로 하나 법률행위도 대상이 될 수 있다.
③ 허가를 신청한 시점의 법령과 처분시점의 법령이 서로 다른 경우에는 원칙적으로 처분시점을 기준으로 한다.
④ 허가는 원칙적으로 기속이다.

14

행정행위의 부관의 가능성에 대한 설명으로 옳지 않은 것은? (다툼이 있는 경우 판례에 의함)

① 자동차운송알선사업등록처분은 기속행위이며 기속행위에 대한 부관은 취소사유에 해당한다.
② 「도시계획법」상 개발제한구역 내에서의 건축허가의 법적 성질은 재량이고 부관을 붙일 수 있다.
③ 하천부지점용허가는 법령에 부관을 허용하는 규정이 없어도 가능하다.
④ 포괄적인 신분설정에는 부관을 붙일 수 없다는 것이 일반적인 견해이다.

15

행정행위의 부관에 관한 설명으로 옳지 않은 것은?

① 사후부관은 사정변경으로 인하여 당초에 부담을 부가한 목적을 달성할 수 없게 된 경우에 그 목적달성에 필요한 범위 내에서 허용될 수 있다.
② 재량인 처분은 법에 특별한 근거가 없어도 부관을 붙일 수 있다.
③ 부관은 상위법령을 위반하지 않는 범위 내에서는 제한 없이 붙일 수 있다.
④ 부담 이외의 부관에 대하여 독립된 소송이 청구되면 각하된다.

16

행정지도에 관한 설명으로 옳은 것은?

① 행정지도는 일정한 문서를 통한 요식행위이다.
② 행정지도에 대한 실정법상의 규정은 없다.
③ 행정지도는 사실상 구속력에 의해 항고소송대상인 처분성이 인정된다.
④ 행정지도는 비권력적 사실행위이다.

17

행정대집행에 관한 내용으로 바르지 않은 것은? (다툼이 있는 경우 판례에 의함)

① 행정대집행 주체는 의무를 부과한 행정청이지만 이의 실행은 제3자를 통해서도 가능하다.
② 비대체적 작위의무는 행정대집행의 대상이 될 수 없다.
③ 법률에 의해 직접 부과된 의무나 법률에 근거하여 처분으로 부과된 의무를 불이행한 경우가 대상이다.
④ 행정대집행에 대한 일반법은 없고, 각 개별법 규정에 따른다.

18

행정상 강제징수에 관한 설명 중 바르지 않은 것은?

① 독촉은 항고소송대상이 되는 준법률행위적 행정행위로서의 성질을 갖는다.
② 압류할 목적물이 없어 압류를 하지 못하였다고 해도 시효중단효력은 발생한다.
③ 과세처분에 하자가 있더라도 당연무효가 아닌 한 강제징수에 대한 소송을 청구할 수 없다.
④ 독촉 없이 이루어진 압류에 대하여 대법원은 일관되게 무효라는 입장이다.

19

행정상 의무이행 확보수단에 관한 설명으로 바르지 않은 것은?

① 과징금을 행정청이 직접 부과한다 하더라도 권력분립의 원칙에 위반된다고 볼 수 없다.
② 행정형벌과 행정질서벌 여부는 입법부에 의해 좌우된다.
③ 의무를 부과하는 법적 근거는 강제집행의 동일한 근거규정으로 작용한다.
④ 지방자치단체도 양벌규정대상인 법인이 된다.

20

다음 중 통고처분에 대한 설명으로 바르지 <u>않은</u> 것은?

① 통고처분에 불복한다고 하여 항고소송을 청구할 수 있는 것은 아니다.
② 통고처분은 형식적·실질적으로 행정에 해당한다.
③ 통고권자는 범칙행위에 대하여 통고처분 없이 즉시고발할 수 있다.
④ 통고처분권자는 검사가 아니다.

21

다음 「국가배상법」에 관한 설명 중 옳지 <u>않은</u> 것은? (다툼이 있는 경우 판례에 의함)

① 외국인이 피해자인 경우에는 국제평화주의에 입각하여 당연 국가배상이 이루어진다.
② 「국가배상법」상의 공무원은 일시적·한정적인 공무수행자도 포함이 된다.
③ 항고소송에서 처분이 취소되었다고 해서 당연 국가배상이 이루어지는 것은 아니다.
④ 「국가배상법」 제3조가 규정하고 있는 배상액은 기준액이라는 것이 일반적인 입장이다.

22

다음 중 손실보상의 요건으로 거리가 <u>먼</u> 것은?

① 공무원의 과실에 따른 위법
② 특별한 희생
③ 공공의 필요
④ 재산상의 침해

23

다음은 행정소송상의 집행정지요건들을 나열한 것이다. 이에 해당되지 <u>않는</u> 것은?

> ㉠ 거부처분의 존재
> ㉡ 본안소송의 존재
> ㉢ 회복하기 어려운 손해의 존재
> ㉣ 공공복리에 중대한 영향을 미칠 우려의 존재
> ㉤ 이유없음이 명백함의 부존재

① ㉠, ㉡, ㉣　　　　② ㉡, ㉣
③ ㉡, ㉢, ㉤　　　　④ ㉠, ㉣

24

다음 중 항고소송과 그에 대한 피고가 바르게 연결된 것은?

① 처분조례 – 지방의회
② 내부위임에서 위임청 명의의 처분 – 위임청
③ 중앙노동위원회의 처분 – 중앙노동위원회
④ 권한이 승계된 처분 – 승계되기 이전의 원처분청

25

다음 중 소송청구와 이에 대한 결과가 바르게 연결되지 <u>않은</u> 것은?

① 고유한 위법이 없는 재결에 대한 취소소송 – 기각판결
② 협의의 소익이 없는 취소소송 – 각하판결
③ 무효선언적 취소소송에 제소기간이 준수되지 않은 경우 – 기각판결
④ 필요적 행정심판전치주의에 해당되는 경우에 심판을 전치하지 않은 취소소송 – 각하판결

※ 2008년도 기출복원문제는 시험 응시자들과 집필진의 기억을 토대로 재구성되었습니다. 실제 기출문제와는 다소 차이가 있을 수 있음을 알려드립니다.

빠른 정답표 ▶ 분석해설편 P.2
정답과 해설 ▶ 분석해설편 P.172

9급 군무원 행정법

01

다음 중 통치행위에 대한 설명으로 옳지 <u>않은</u> 것은?

① 헌법재판소는 통치행위라도 헌법수호와 직접 관련되는 경우에는 헌법소원대상이 된다고 한다.
② 통치행위는 열기주의에서는 성립되기 곤란하다.
③ 통치행위의 판단은 모든 법원이 가능하다.
④ 제4의 국가작용으로서 헌법상의 보조활동이라 한다.

02

다음 판례는 법의 일반원칙을 위반하여 위법하다는 내용이다. (　　)에 들어가야 할 법의 일반원칙은?

> 건축물의 건축허가(준공거부처분)와 도로기부채납의무는 별개인 것인바, 도로기부채납의무를 불이행하였음을 이유로 하는 준공거부처분은 「건축법」에 근거 없이 이루어진 (　　　　)을(를) 위반한 것으로서 위법하다.

① 부당결부금지의 원칙　　② 과잉금지원칙
③ 실권의 법리　　④ 자기구속의 법리

03

다음 중 판례상 공법관계에 해당하지 <u>않는</u> 것은?

① 국방부장관의 입찰참가자격 제한조치
② 입찰보증금의 국고귀속조치
③ 국유재산 무단점유자 변상금부과조치
④ 국립의료원 부설주차장 위탁관리용역운영계약

04

불가쟁력에 관한 설명으로 옳지 <u>않은</u> 것은? (다툼이 있는 경우 판례에 의함)

① 불가쟁력이 처분의 위법이나 적법의 확정을 의미하는 것은 아니다.
② 불가쟁력 이후의 처분에 대하여 행정청도 직권으로 취소할 수 없음이 원칙이다.
③ 불가쟁력 이후의 처분에 대하여 소송을 청구하는 경우에 각하된다.
④ 불가쟁력 이후의 처분에 대하여 국가배상청구는 처분이 취소되기 전이라도 인용될 수 있다.

05

다음 중 법규명령의 제정권이 없는 국가기관은?

① 병무청장　　② 국무총리
③ 법무부장관　　④ 대통령

06

행정행위의 하자효과인 무효와 취소의 구별실익이 <u>아닌</u> 것은?

① 선결문제
② 사정재결·판결
③ 집행부정지와 집행정지
④ 하자의 승계

07

다음 행정행위의 철회에 대한 설명 중 옳지 <u>않은</u> 것은? (다툼이 있는 경우 판례에 의함)

① 철회는 감독청에 권한이 없다.
② 철회는 원칙적으로 소급효가 아니다.
③ 철회는 중대한 공익도 사유가 될 수 있다.
④ 철회는 법적 근거 없이 가능하지 않다.

08

행정법상 확약에 대한 설명 중 옳지 <u>않은</u> 것은?

① 확약에 대하여 대법원은 처분성을 긍정한다.
② 확약에 대한 근거는 본처분권에 내재한 것으로 본다.
③ 확약은 신뢰보호의 공적 견해가 된다.
④ 확약은 특별한 형식을 요하지 않는다.

09

행정상 의무이행 확보수단 중 나머지와 성질이 <u>다른</u> 하나는?

① 조세부과처분에 대한 강제징수
② 철거명령을 불이행한 건축물의 강제철거
③ 「건축법」상 이행강제금
④ 「경찰관 직무집행법」상의 즉시강제

10

다음 중 목전에 급박한 위해를 제거하기 위해 의무부과와 불이행 없이 신체나 재산에 실력행사를 통해 행정목적을 실현하는 국가작용과 그에 대한 설명이 바르게 연결된 것은?

① 행정대집행 – 영장통지는 필요적 절차이다.
② 직접강제 – 영업소의 강제폐쇄 등이 해당한다.
③ 즉시강제 – 영장은 불요하나 법적 근거는 필요하다.
④ 즉시강제 – 영장은 필요하나 법적 근거는 불요하다.

11

「국가배상법」 제2조의 공무원의 직무상 불법행위로 인한 손해배상책임요건으로 옳지 <u>않은</u> 것은? (다툼이 있는 경우 판례에 의함)

① 공무원의 직무는 실제 직무행위이어야 한다.
② 공무원은 「국가공무원법」이나 「지방공무원법」상의 공무원이 아니어도 된다.
③ 공무원의 법령 위반은 성문법령상의 법령만을 의미하는 것은 아니다.
④ 공무원의 법령 위반에 고의나 과실이 있어야 한다.

12

국가·지방자치단체에 대한 손해배상청구권의 소멸시효로 바른 것은?

① 2년   ② 3년
③ 5년   ④ 10년

13

「국가배상법」 제5조의 영조물에 대한 국가배상에 관한 설명으로 옳지 <u>않은</u> 것은?

① 영조물의 경우에는 국가나 지방자치단체의 소유물에 한정하지 않으며, 설치 중인 옹벽과 국유림도 포함된다.
② 영조물의 하자는 통상의 안전성을 구비하지 못한 경우를 말한다.
③ 행정주체가 이용하는 시(市)청사는 영조물에 해당한다.
④ 자연공물인 하천의 경우에도 영조물에 해당된다.

14

헌법 제23조 제3항에 규정된 보상방법으로 옳은 것은?

① 정당한 보상   ② 완벽한 보상
③ 만족적 보상   ④ 상당한 보상

15

다음 중 손실보상제도와 관계 있는 것으로 옳은 것은?

① 사회적 제약
② 국가의 위법한 행위
③ 신체나 생명의 침해
④ 사회적 공평부담의 원리

16

공공에 필요한 재산권에 대한 수용의 경우, 공용수용이 제한되는 것은?

① 하천점용허가
② 농업용 토지
③ 완공된 건축물
④ 행정재산(공물)

17

소방공무원이 소방종사명령을 받고 소방활동을 하다가 신체적 침해를 입은 경우나 행정기관의 원조명령을 이행하다가 신체적 침해를 받은 경우 청구할 수 있는 구제방법은?

① 손실보상청구권
② 희생(유사)침해에 대한 청구권
③ 수용유사적 침해에 대한 청구권
④ 국가에 대한 손해배상청구권

18

행정심판의 종류에 해당하지 않는 것은?

① 거부처분 취소심판
② 거부처분 의무이행심판
③ 거부처분 무효등확인심판
④ 부작위에 대한 부작위위법확인심판

19

「행정심판법」에 대한 설명으로 옳지 않은 것은?

① 행정심판은 위법뿐 아니라 부당도 심판대상이 되어 재량도 심판대상이다.
② 행정심판재결은 형식적 의미의 행정이지만 실질적으로는 사법이다.
③ 행정심판재결에 고유한 위법이 있는 경우에는 중앙행정심판위원회에 심판을 청구할 수 있다.
④ 취소심판을 청구하여도 처분의 효력이나 집행은 정지되지 않음이 원칙이다.

20

다음의 피고에 대한 연결이 바르지 않은 것은?

① 지방의원 제명의결 – 지방의회
② 국가에 대한 손해배상 – 국가(법무부장관 대행)
③ 교육 관련 처분조례 – 시·도교육감
④ 토지수용위원회의 수용재결 – 토지수용위원회 위원장

21

취소소송의 판결의 효력이 아닌 것은?

① 기판력　　　　　② 형성력
③ 자박력　　　　　④ 공정력

22

「행정소송법」을 적용함에 있어서 행정청의 개념에 포함되지 않는 것은? (다툼이 있는 경우 판례에 의함)

① 법령에 의하여 행정권한의 위탁을 받은 사인
② 소득세원천징수의무자
③ 인·허가권을 행사한 도지사
④ 과징금을 부과한 공정거래위원회

23

다음 중 소속기관의 연결이 바르지 않은 것은?

① 감사원 – 국무총리 소속
② 방위사업청 – 국방부 소속
③ 국가보훈처 – 국무총리 소속
④ 검찰청 – 법무부 소속

24

다음 중 「국가공무원법」상 징계와 관련된 내용으로 옳은 것은?

① 직무를 태만히 하는 것은 징계사유가 되며, 직위해제처분도 징계내용에 해당한다.
② 직무와 관련 없이 공무원으로서 체면을 손상하게 하는 행위는 징계사유가 되지 않는다.
③ 직무상 의무를 위반한 경우에 징계사유가 된다.
④ 감봉은 1개월 이상 5개월 이하의 기간 동안 보수의 3분의 1을 감한다.

25

국가에 대한 금전납부의무에 대한 설명으로 옳지 않은 것은?

① 조세는 원칙적으로 법률로써 정한다.
② 원칙적으로 변상금 등은 담세능력을 기준으로 부과되나 조세는 담세능력과 무관하다.
③ 금전납부의무를 불이행한 경우 「국세징수법」에 의해 강제징수가 이루어진다.
④ 독촉은 항고소송대상인 처분이다.

※ 2007년도 기출복원문제는 시험 응시자들과 집필진의 기억을 토대로 재구성되었습니다. 실제 기출문제와는 다소 차이가 있을 수 있음을 알려드립니다.

빠른 정답표 ▶ 분석해설편 P.2
정답과 해설 ▶ 분석해설편 P.182

2006

2006.04.29. 국방부(육·해·공군) 시행

⏱ 적정시간 16분

월 일	월 일	월 일
시작 :	시작 :	시작 :
종료 :	종료 :	종료 :
점수	점수	점수

9급 군무원 행정법

01

다음 중 통치행위에 대한 설명으로 바르지 <u>않은</u> 것은? (다툼이 있는 경우 판례에 의함)

① 통치행위는 법치주의와 개괄주의를 전제로 성립하는 개념이다.
② 통치행위의 범위확대를 위해 통치행위의 인정은 지극히 신중할 필요는 없다.
③ 통치행위는 주로 국회나 행정부에 의해 이루어지는 국가작용이다.
④ 통치행위를 인정하여도 국민의 기본권 침해와 직접 관련되는 경우에는 심판대상이 될 수 있다.

02

다음 중 행정의 분류와 이에 대한 내용으로 바르게 연결되지 <u>않은</u> 것은?

① 전염병예방활동 – 질서행정
② 사회보장행정 – 급부행정
③ 다자녀가구에 대한 육아보조금 지급 – 유도행정
④ 사무용품 구입 – 재무행정

03

행정작용에 대한 법적 근거에 해당하지 <u>않는</u> 것은?

① 조례   ② 국방부훈령
③ 「군인사법 시행령」   ④ 조약

04

다음 중 행정주체가 <u>아닌</u> 것은?

① 서울시
② 토지를 수용하는 사업시행자
③ 대한민국
④ 병무청장

05

다음 중 특별권력관계에 대한 설명으로 바르지 <u>않은</u> 것은?

① 특별권력관계는 법치주의가 적용되지 않는 특수성 때문에 상대방의 동의나 법률의 근거가 있어야 성립된다.
② 특별권력관계는 국가법인격법불침투설을 근거로 확립되었다.
③ 울레(Ule)에 의하면 직무명령은 기본관계로서 사법심사 대상이 된다.
④ 특별권력관계의 내용으로는 명령권과 징계권이 있다.

06

다음 중 수리를 필요로 하는 신고에 해당하지 <u>않는</u> 것은?

① 건축신고
② 액화석유가스충전사업 지위승계신고
③ 유선장의 경영신고
④ 건축주 명의변경신고

07

행정입법 중 법규명령에 대한 설명으로 바른 것은? (다툼이 있
는 경우 판례에 의함)

① 법규명령은 일면적 구속력에 국가기관을 구속하지 못
한다.
② 감사원규칙은 헌법에 명시되어 있지 않아 법규명령으로
인정하지 않는 것이 일반적인 입장이다.
③ 집행명령은 상위법이 폐지되어도 소멸되지 않는다.
④ 법규적 사항의 위임은 국민이 대강 예측할 수 있도록 구
체적인 위임이어야 한다.

08

다음 강학상 행정행위 중 의사표시를 요소로 하지 <u>않는</u> 것은 어
느 것인가?

① 확인   ② 특허
③ 허가   ④ 인가

09

전통적 견해에 따라 기속행위와 재량행위의 구별실익이라 볼
수 <u>없는</u> 것은?

① 법원에 의한 사법심사 여부
② 부관의 가능성 여부
③ 개인적 공권의 성립 여부
④ 행위의 형식이나 절차상의 하자 여부

10

행정행위의 효력으로서 확정력(존속력)에 대한 설명으로 옳지
<u>않은</u> 것은?

① 실질적 확정력인 불가변력의 처분이 당연히 불가쟁력이
발생하는 것은 아니다.
② 처분의 불가쟁력이 발생하여도 수소법원에서 국가배상
청구가 인용될 수 있다.
③ 불가쟁력이 발생한 처분에 대해 처분청은 법령에 근거
없는 한 직권으로 취소할 수 없다.
④ 불가쟁력이 처분의 위법·적법 판단의 확정을 의미하지
않는다.

11

행정행위의 효력 중 구속력에 대한 설명으로 바르지 <u>않은</u> 것은?

① 행정행위의 위법이 경미한 경우라도 하자 있는 행정행위
는 구속력이 없다.
② 행정행위의 구속력은 행정의 상대방 등과 행정청을 구속
한다.
③ 법률행위적 행정행위는 의사표시에 따라, 준법률행위적
행정행위는 법이 정한 바에 따라 발생한다.
④ 행정행위의 실체적 효력으로서 특정 처분에만 제한적으
로 발생하는 효력은 아니다.

12

행정행위의 내용 중 강학상 허가에 관한 설명으로 바르지 <u>않은</u>
것은? (다툼이 있는 경우 판례에 의함)

① 강학상 허가는 법규형식에 의해 이루어지는 경우는 없으
며 처분형식에 의한다.
② 허가는 예방적 금지를 해제하여 자연적 자유를 회복하는
행위로서 원칙적으로 기속이다.
③ 원칙적으로 출원을 요하나 출원 없는 허가나 출원과 다
른 허가도 가능하다.
④ 허가로부터 얻어지는 이익은 원칙적으로 법률상 이익
이다.

13

다음의 행정행위 중 강학상 대리에 해당하는 것은?

> ㉠ 토지수용협의
> ㉡ 강제징수 절차상의 공매
> ㉢ 한국은행 총재임명
> ㉣ 행려병사자 유류품 매각
> ㉤ 교과서 검정

① ㉠, ㉢, ㉣   ② ㉡, ㉣, ㉤
③ ㉡, ㉢, ㉣   ④ ㉠, ㉣, ㉤

14

다음 행정행위의 부관에 대한 내용 중 조건과 부담에 관한 설명으로 바르지 <u>않은</u> 것은? (다툼이 있는 경우 판례에 의함)

① 조건은 조건이 성취되지 않으면 주된 행정행위의 효력은 발생하지 않지만, 부담은 부담된 내용을 이행하지 않아도 주된 행정행위의 효력은 처음부터 발생한다.
② 부담은 독립된 소송대상이 될 수 있으나 조건은 독립된 소송대상이 되지 않는다.
③ 조건의 불성취는 주된 행정행위의 소멸이나 발생의 문제이지만, 부담은 불이행이 강제나 제재의 대상이 될 수 있다.
④ 조건과 부담의 구분이 모호한 경우에는 국민에게 유리한 조건으로 해석한다.

15

행정행위의 하자 중 무효에 대한 설명으로 바르지 <u>않은</u> 것은?

① 무효인 처분에 대해서도 취소소송을 통해 무효확인이 가능하다.
② 무효인 처분을 항고소송으로 무효등확인소송을 청구하면 원칙적으로 집행정지가 된다.
③ 무효인 처분은 제소기간이 없고, 사정판결도 인정되지 않는다.
④ 무효는 필요적 행정심판전치의 경우에도 이에 구속되지 않는다.

16

행정청이 행정에 대한 확약을 하게 된 경우에 이를 준수하여야 할 행정법의 일반원칙은 무엇인가?

① 평등과 자기구속의 법리
② 과잉금지원칙
③ 신의성실 또는 신뢰보호원칙
④ 부당결부금지의 원칙

17

다음 중 행정대집행에 대한 설명으로 바르지 <u>않은</u> 것은?

① 계고는 항고소송대상인 처분이다.
② 계고에 하자가 있는 경우에 이를 이유로 비용징수에 소송청구가 가능하다.
③ 토지의 인도나 명도의무는 대집행대상이 된다.
④ 행정대집행은 다른 방법으로 목적 달성이 곤란한 경우에 한한다.

18

다음 중 「행정조사기본법」상 행정조사원칙에 해당하지 <u>않는</u> 것은?

① 행정기관은 조사목적에 적합하도록 조사대상자를 선정하여 행정조사를 실시하여야 한다.
② 행정조사는 조사목적을 달성하는 데 필요한 최소한의 범위 안에서 실시하여야 한다.
③ 행정기관은 자발적인 협조에 의한 경우 이외에는 법령 등에서 행정조사를 규정하고 있는 경우에 한하여 행정조사를 실시할 수 있다.
④ 행정조사는 제재를 위한 단계적 행정으로 처벌에 목적을 두어야 한다.

19

행정법상의 의무이행 확보수단의 하나인 공급거부에 대한 설명으로 바르지 <u>않은</u> 것은?

① 공급거부는 침해적 행정으로서 반드시 법적 근거가 필요하다.
② 현행 「건축법」에는 공급거부규정을 두고 있다.
③ 공급거부에 대하여 복지국가에서 가장 야만적이라는 비판도 있다.
④ 단수는 항고소송대상인 처분이 된다.

20

다음 행정벌에 관한 설명 중 바르지 <u>않은</u> 것은? (다툼이 있는 경우 판례에 의함)

① 행정형벌은 과실의 경우 처벌규정이 없어도 처벌할 수 있다.
② 행정벌과 징계벌은 병과할 수 있으나, 행정벌과 집행벌은 병과할 수 없다.
③ 통고처분은 항고소송대상인 처분이 아니다.
④ 행정형벌은 죄형법정주의가 적용된다.

21

다음 중 손실보상의 요건에 대한 설명으로 바르지 <u>않은</u> 것은?

① 재산이나 비재산상의 침해가 발생하여야 한다.
② 공공의 필요에 의한 침해이어야 한다.
③ 침해는 적법한 공권력 행사에 의하여야 한다.
④ 침해에 의해 특별한 희생이 발생하여야 한다.

22

다음 중 국가배상에서 공무원의 직무상 불법행위에 의한 것으로 옳지 <u>않은</u> 것은? (다툼이 있는 경우 판례에 의함)

① 공무원에게 고의나 중과실의 위법이 있는 경우에는 피해자는 공무원이나 국가에 대하여 선택적 청구가 가능하다.
② 공무원에게 경과실의 위법이 있는 경우에 국가가 배상하고 공무원에게 구상권을 행사할 수 있다.
③ 공무원에 대한 선임·감독자와 업무에 대한 비용부담자가 다른 경우에는 피해자는 선택적 청구가 가능하다.
④ 공무원의 위법행위로 피해자에게 피해와 더불어 이익도 발생한 경우에는 상계하여 배상한다.

23

다음 「행정심판법」상 행정심판에 대한 내용이 <u>아닌</u> 것은?

① 대통령의 처분과 부작위는 원칙적으로 행정심판대상이 아니다.
② 무효등확인심판에는 불가쟁력이 발생하지 않는다.
③ 의무이행심판에는 사정재결이 인정된다.
④ 부작위위법확인심판은 집행부정지가 인정되지 않는다.

24

「행정심판법」에 규정된 심리와 재결에 대한 설명 중 바르지 <u>않은</u> 것은?

① 행정심판위원회는 필요하면 당사자가 주장하지 아니한 사실에 대하여도 심리할 수 있다.
② 위원회는 심판청구의 대상이 되는 처분 또는 부작위 외의 사항에 대하여는 재결하지 못한다.
③ 위원회는 심판청구의 대상이 되는 처분보다 청구인에게 불리한 재결을 하지 못한다.
④ 위원회는 행정처분의 위법 여부는 심리할 수 있으나 부당은 심리할 수 없다.

25

다음 중 행정소송과 그 대상이 바르게 연결되지 <u>않은</u> 것은?

① 불문경고 − 항고소송
② 서울시립무용단원의 해촉 − 항고소송
③ 석탄산업합리화사업단의 재해위로금 지급거부 − 당사자소송
④ 광주민주화운동관련자 보상심의위원회의 보상금 지급신청 − 당사자소송

※ 2006년도 기출복원문제는 시험 응시자들과 집필진의 기억을 토대로 재구성되었습니다. 실제 기출문제와는 다소 차이가 있을 수 있음을 알려드립니다.

빠른 정답표 ▶ 분석해설편 P.2
정답과 해설 ▶ 분석해설편 P.190

7급 군무원 행정법

2023

2023.07.15. 국방부(육·해·공군) 시행

적정시간 25분

월	일	월	일	월	일
시작 :		시작 :		시작 :	
종료 :		종료 :		종료 :	
점수		점수		점수	

7급 군무원 행정법

1초 합격예측! 모바일 성적분석표

QR 코드로 접속하여 문제 풀이시간을 측정하고, 〈1초 합격예측 & 모바일 성적분석표〉 서비스를 통해 지금 바로! 실력을 점검해 보세요.
https://eduwill.kr/gmMf

01

행정법상 신고와 수리에 관한 설명으로 옳은 것은? (다툼이 있는 경우 판례에 의함)

① 법률에 행정기관의 내부업무처리 절차로서 수리를 규정한 경우에도 수리를 요하는 신고로 보아야 한다.
② 주민등록의 신고는 행정청에 도달하기만 하면 신고로서의 효력이 발생하는 것이 아니라 행정청이 수리한 경우에 비로소 신고의 효력이 발생한다.
③ 대규모점포의 개설등록은 자기완결적 신고이다.
④ 시·도지사 등에 대한 체육시설인 골프장회원모집계획서 제출은 자기완결적 신고이다.

02

행정행위 부관과 확약에 관한 설명으로 옳은 것은? (다툼이 있는 경우 판례에 의함)

① 지방국토관리청장이 공유수면매립준공인가처분 중에서 일부 공유수면매립지에 대하여 한 국가귀속처분은 법률상 효과의 일부를 배제하는 부관으로 독립하여 행정소송의 대상이 된다.
② 확약의 취소행위로서 내인가취소는 본인가신청에 대한 거부처분으로 항고소송의 대상이 되는 처분이다.
③ 법정부관에 대하여는 행정행위에 부관을 붙일 수 있는 한계에 관한 일반적인 원칙이 적용된다.
④ 행정청의 확약 또는 공적인 의사표명 그 자체에서 처분의 발령을 신청하도록 유효기간을 두었을 경우 그 후에 사실적·법률적 상태가 변경되었더라도 직권취소나 철회로 효력이 소멸되고 당연히 실효되는 것은 아니다.

03

「행정절차법」상 청문과 사전통지에 관한 설명으로 옳은 것은? (다툼이 있는 경우 판례에 의함)

① 행정청은 거부처분을 할 경우에는 상대방에게 원칙적으로 사전통지를 하여야 한다.
② 행정청은 영업자 지위승계의 신고의 수리를 하기 전에 양수인에게 사전통지를 해야 한다.
③ 행정청이 침익적 처분을 하면서 청문을 하지 않았다면 「행정절차법」상 예외적인 경우에 해당하지 않는 한 그 처분은 원칙적으로 무효에 해당한다.
④ 행정청은 다수 국민의 이해가 상충되는 처분이나 다수 국민에게 불편이나 부담을 주는 처분을 하려는 경우에는 청문주재자를 2명 이상으로 선정할 수 있다.

04

「행정기본법」상 이의신청과 재심사에 관한 설명으로 옳지 않은 것은?

① 이의신청에 대한 결과를 통지받은 후 행정심판 또는 행정소송을 제기하려는 자는 그 결과를 통지받은 날부터 90일 이내에 행정심판 또는 행정소송을 제기할 수 있다.
② 공무원 인사관계 법령에 의한 징계 등 처분에 관한 사항에 대하여도 「행정기본법」상의 이의신청 규정이 적용된다.
③ 당사자는 처분에 대하여 법원의 확정판결이 있는 경우에는 처분의 근거가 된 사실관계 또는 법률관계가 추후에 당사자에게 유리하게 바뀐 경우에도 해당 처분을 한 행정청이 처분을 취소·철회하거나 변경하여 줄 것을 신청할 수는 없다.
④ 처분을 유지하는 재심사 결과에 대하여는 행정심판, 행정소송 및 그 밖의 쟁송수단을 통하여 불복할 수 없다.

05

「국가공무원법」상 직위해제처분과 징계처분에 관한 설명으로 옳은 것은? (다툼이 있는 경우 판례에 의함)

① 직위해제처분을 한 후에 동일한 사유로 다시 해임 등 징계처분을 한다면 일사부재리의 원칙에 반한다.
② 선행 직위해제처분의 하자는 후행 직권면직처분에 승계된다.
③ 형사사건으로 기소되었다는 이유만으로 직위해제처분을 하는 것은 재량권의 범위를 일탈·남용한 것으로 볼 수 없다.
④ 직위해제처분은 공무원의 신분을 보유하게 하면서 잠정적 조치로서의 보직을 박탈하는 처분으로 징벌적 제재로서의 징계처분과는 그 성질을 달리한다.

06

행정의 실효성 확보수단에 관한 설명으로 옳지 않은 것은? (다툼이 있는 경우 판례에 의함)

① 공매처분을 하면서 체납자 등에게 공매통지를 하지 않았거나 공매통지를 하였더라도 그것이 적법하지 아니한 경우에는 절차상의 흠이 있어 그 공매처분은 위법하다.
② 행정기관의 장이 조사대상자의 자발적인 협조를 얻어 행정조사를 실시하고자 하는 경우 조사대상자는 문서·전화·구두 등의 방법으로 당해 행정조사를 거부할 수 있다.
③ 회사 분할 시 특별한 규정이 없는 한 신설 회사에 대하여 분할하는 회사의 분할 전 법 위반행위를 이유로 과징금을 부과하는 것은 허용되지 않는다.
④ 체납자 등은 다른 권리자에 대한 공매통지의 하자를 들어 공매처분의 위법사유로 주장할 수 있다.

07

「행정대집행법」상 대집행에 관한 설명으로 옳지 않은 것은? (다툼이 있는 경우 판례에 의함)

① 대집행 계고처분의 취소소송의 사실심 변론종결 전에 대집행영장에 의한 통지절차를 거쳐 대집행 실행이 완료된 경우 계고처분에 대한 취소소송의 법률상 이익이 인정된다.
② 대집행 권한을 한국토지공사에 위탁한 경우 한국토지공사는 행정주체의 지위에 있고, 「국가배상법」 제2조에서 정한 공무원에 해당한다고 볼 수 없다.
③ 대집행은 대체적 작위의무의 불이행을 요건으로 하므로, 도시공원시설 점유자의 퇴거의무는 대집행의 대상이 되는 대체적 작위의무에 해당하지 않는다.
④ 행정청이 건물철거 대집행과정에서 부수적으로 건물의 점유자에 대한 퇴거조치를 할 수 있다.

08

「공익사업을 위한 토지 등의 취득 및 보상에 관한 법률」에 관한 설명으로 옳은 것은?

① 수용재결에 대하여 불복하는 경우 이의재결을 거치지 아니하면 취소소송을 제기할 수 없다.
② 이의신청을 거쳐 중앙토지수용위원회에서 이의재결이 내려진 경우 취소소송의 대상은 이의재결이고, 수용재결을 취소소송의 대상으로 할 수 없다.
③ 이의신청을 받은 중앙토지수용위원회는 수용재결이 위법 또는 부당한 때에는 그 재결의 전부 또는 일부를 취소하거나 보상액을 변경할 수 있다.
④ 이의재결에서 보상금이 늘어난 경우 사업시행자는 재결의 취소 또는 변경의 재결서 정본을 받은 날부터 60일 이내에 보상금을 받을 자에게 그 늘어난 보상금을 지급해야 한다.

09

행정행위에 대한 설명으로 옳지 <u>않은</u> 것은? (다툼이 있는 경우 판례에 의함)

① 행정청이 자동차운수사업법에 의한 개인택시운송사업 면허신청에 대하여 이미 설정된 면허기준을 구체적으로 적용함에 있어서 그 해석상 당해 신청이 면허발급의 우선순위에 해당함이 명백함에도 불구하고 이를 제외시켜 면허거부처분을 하였다면 특별한 사정이 없는 한 그 거부처분은 재량권을 남용한 위법한 처분이다.

② 공무원 임용을 위한 면접전형에 있어서 임용신청자의 능력이나 적격성 등에 관한 판단은 현저하게 재량권을 일탈 내지 남용한 것이 아니라면 이를 위법하다고 할 수 없다.

③ 도로점용허가는 일반사용과 별도로 도로의 특정 부분에 대하여 특별사용권을 설정하는 설권행위이다. 도로관리청은 신청인의 적격성, 점용목적, 특별사용의 필요성 및 공익상의 영향 등을 참작하여 점용허가 여부 및 점용허가의 내용인 점용장소, 점용면적, 점용기간을 정할 수 있는 재량권을 갖는다.

④ 도로점용허가의 일부분에 위법이 있는 경우, 도로점용허가 전부를 취소하여야 하며 도로점용허가 중 특별사용의 필요가 없는 부분에 대해서만 직권취소할 수 없다.

10

판례상 취소소송에서 원고적격이 인정되는 자로 옳은 것은? (다툼이 있는 경우에 판례에 의함)

① 국민권익위원회의 조치요구의 취소를 구하는 소송을 제기한 소방청장

② 외국에서 사증발급거부의 취소를 구하는 외국인

③ 담배소매인 중에서 구내소매인 지정처분의 취소를 구하는 일반소매인

④ 공유수면 매립목적 변경승인처분의 취소를 구하는 재단법인 수녀원

11

甲은 乙군수에게 「식품위생법」에 의한 일반음식점영업신고를 하고 영업을 하던 중 청소년에게 주류를 판매하였다는 이유로 적발되었다. 관할 행정청인 乙군수는 「식품위생법 시행규칙」 [별표 23] 행정처분기준에 따라 사전통지 등 적법절차를 거쳐 1회 위반으로 영업정지 2월의 제재처분을 하였다. 다음 설명 중 옳지 <u>않은</u> 것은? (다툼이 있는 경우 판례에 의함)

① 영업정지 2월의 처분에 대하여 甲이 행정심판을 제기한 경우 행정심판위원회는 심리한 결과 처분청이 경미하게 처분하였다고 판단되면 영업정지 3월의 처분으로 처분을 변경하는 재결을 내릴 수 있다.

② 甲이 취소소송을 제기하기 전 영업정지 2월의 처분이 종료한 경우로서 처분이 발해진 후 1년이 경과하여 후행처분의 가중사유가 되지 않는 경우라면 甲은 취소소송을 제기할 협의의 소의 이익이 인정되지 않는다.

③ 甲이 제기한 행정심판에서 심리한 결과 처분이 부당하다고 인정되면 행정심판위원회는 재량행위임에도 처분의 일부를 감경하는 재결을 할 수 있다.

④ 행정심판의 경우에도 행정소송과 마찬가지로 처분사유의 추가 변경은 기본적 사실관계의 동일성이 있는 범위 내에서만 허용된다.

12

공기업 이용관계에 대한 다음 설명 중 옳지 <u>않은</u> 것은? (다툼이 있는 경우 판례에 의함)

① 공기업의 이용관계에 대해서는 공법관계설과 사법관계설이 있는바, 사법관계설이 통설이다.

② 관련 법에 이용대가의 징수에 있어서 행정상 강제집행이 인정되도록 명시적 규정이 있는 경우 공법관계로 보아야 한다.

③ 공기업 이용관계는 보통 사법상 계약으로 부합계약의 형태로서만 성립된다.

④ 공익사업인 전기사업, 자동차운수사업, 해상운송사업 등은 특허사업이다.

13

헌법재판소와 대법원 판례의 내용으로 옳지 않은 것은?

① 지방자치단체의 구역변경이나 폐치·분합이 있는 때에는 새로 그 지역을 관할하게 된 지방자치단체가 그 사무와 재산을 승계하도록 규정되어 있는바, 여기서 '재산'이라 함은 현금 이외의 모든 재산적 가치가 있는 물건 및 권리를 말하는 것으로서 채무도 포함된다.

② 지방자치단체가 그 고유의 자치사무를 처리하는 경우 지방자치단체는 국가기관의 일부가 아니라 국가기관과는 별도의 독립한 공법인으로서 양벌규정에 의한 처벌대상이 되는 법인에 해당한다.

③ 지방의회의원이 그 의원의 자격이라기보다 지방자치단체의 전체 주민의 대표자라는 지위에서 주민의 권리신장과 공익을 위하여 행정정보공개조례안의 행정정보공개심의위원회에 집행기관의 공무원 및 전문가 등과 동수의 비율로 참여하는 것이 반드시 법령에 위배된다고 볼 수 없다.

④ 국회의원과 달리 지방의회의원을 후원회지정권자에서 제외하고 있는 것은 불합리한 차별로서 청구인들의 평등권을 침해한다.

14

「국가배상법」상의 배상책임에 관한 설명으로 옳은 것은? (다툼이 있는 경우 판례에 의함)

① 「국가배상법」상 손해배상의 소송은 배상심의회의 배상심의를 거치지 아니하면 이를 제기할 수 없다.

② 공익근무요원도 「국가배상법」 제2조 제1항 단서의 이중배상이 금지되는 자에 해당한다.

③ 피해자에게 직접 손해를 배상한 경과실이 있는 공무원은 국가에 대해 구상권을 행사할 수 없다.

④ 국가배상청구권은 피해자나 법정대리인이 손해 및 가해자를 안 날로부터 3년간, 불법행위가 있은 날로부터 5년간 이를 행사하지 않으면 시효로 인하여 소멸된다.

15

행정행위의 하자에 대한 설명으로 옳지 않은 것은? (다툼이 있는 경우 판례에 의함)

① 과세관청이 과세처분에 앞서 납세의무자에게 보낸 과세예고통지서 등에 납세고지서의 필요적 기재사항이 제대로 기재되어 있어 납세의무자가 그 처분에 대한 불복 여부의 결정 및 불복신청에 전혀 지장을 받지 않았음이 명백하다면, 이로써 납세고지서의 하자가 보완되거나 치유될 수 있다.

② 체납취득세에 대한 압류처분권한은 도지사로부터 시장에게 권한위임된 것이고 시장으로부터 압류처분권한을 내부위임받은 데 불과한 구청장이 자신의 명의로 한 압류처분은 권한 없는 자에 의하여 행하여진 위법무효의 처분이다.

③ 서훈취소처분의 통지가 처분권한자인 대통령이 아니라 그 보좌기관에 의하여 이루어진 경우, 통지의 주체나 형식에 어떤 하자가 있다.

④ 환경영향평가를 거쳐야 할 대상사업에 대하여 환경영향평가를 거치지 아니하였음에도 불구하고 승인 등 처분이 이루어진다면, 이러한 행정처분의 하자는 법규의 중요한 부분을 위반한 중대한 것이고 객관적으로도 명백한 것이라고 하지 않을 수 없다.

16

「행정소송법」상 행정소송에 대한 설명으로 옳지 않은 것은? (다툼이 있는 경우 판례에 의함)

① 토지의 수용에 대한 취소소송은 그 부동산 소재지를 관할하는 행정법원에 이를 제기할 수 있다.

② 「행정소송법」을 적용함에 있어서 행정청에는 행정권한의 위임 또는 위탁을 받은 사인이 포함된다.

③ 행정소송에 대한 대법원판결에 의하여 명령·규칙이 헌법 또는 법률에 위반된다는 것이 확정된 경우에는 대법원은 지체 없이 그 사유를 국무총리에게 통보하여야 한다.

④ 원고의 고의 또는 중대한 과실 없이 행정소송이 심급을 달리하는 법원에 잘못 제기된 경우에는 관할위반을 이유로 관할법원에 이송한다.

17

조례에 대한 다음 설명 중 옳지 <u>않은</u> 것은? (다툼이 있는 경우 판례에 의함)

① 국가법령에서 정하고 있지 않더라도 지방자치단체가 특정 사항에 대하여 그 지방의 실정에 맞게 제정한 조례는 법령의 범위를 벗어난 것으로 위법하다.

② 조례위반에 대하여 벌금 등 형벌을 과하도록 한 조례는 위헌·위법한 조례이다.

③ 자동차관리법령이 정한 자동차등록기준보다 더 높은 수준의 기준을 정한 차고지확보제도에 관한 조례안은 무효이다.

④ 기관위임사무는 원칙적으로 조례의 규율대상이 아니다.

18

사인의 공법행위에 대한 설명으로 옳지 <u>않은</u> 것은? (다툼이 있는 경우 판례에 의함)

① 국민의 적극적 행위신청에 대한 행정청의 거부행위가 항고소송의 대상이 되는 행정처분에 해당하기 위하여는 국민이 행정청에 대하여 그 행위발동을 요구할 법규상 또는 조리상의 신청권이 있어야 한다.

②「건축법」상의 건축신고가 다른 법률에서 정한 인가·허가 등의 의제효과를 수반하는 경우, 행정행위의 효율적 측면을 고려하여 수리를 요하지 않는 신고로 볼 수 있다.

③ 건축주 등은 건축신고가 반려될 경우 건축물의 건축을 개시하면 시정명령, 이행강제금, 벌금의 대상이 되거나 당해 건축물을 사용하여 행할 행위의 허가가 거부될 우려가 있어 불안정한 지위에 놓이게 되므로, 건축신고에 대한 반려처분은 항고소송의 대상이 된다.

④ 건축주명의변경신고는 형식적 요건을 갖추어 시장·군수에게 적법하게 건축주의 명의변경을 신고한 때에는 시장·군수는 그 신고를 수리하여야지 실체적인 이유를 내세워 그 신고의 수리를 거부할 수는 없다.

19

행정행위의 무효와 취소에 관한 설명으로 옳지 <u>않은</u> 것은? (다툼이 있는 경우 판례에 의함)

① 과세처분 이후 조세부과의 근거가 되었던 법률규정에 대하여 헌법재판소에서 위헌결정이 내려진 후 그 조세채권의 집행을 위한 체납처분은 당연무효이다.

② 지방자치단체의 규칙으로 정하여야 할 기관위임사무에 대하여 당해 지방자치단체의 조례로 정한 경우 이에 근거한 처분은 당연무효이다.

③「행정기본법」은 직권취소에 관한 일반적 근거규정을 두고 있어, 개별 법률의 근거가 없더라도 직권취소가 가능하다.

④ 무효인 행정처분에 기한 후속 행정처분도 당연무효이다.

20

다음은 공물(公物)에 관한 판례의 입장을 설명한 것이다. 판례의 입장과 일치하지 <u>않는</u> 것은?

① 일반공중의 통행에 공용(供用)되는 도로부지의 소유자가 이를 점유·관리하는 지방자치단체를 상대로 도로의 철거나 점유 이전을 청구하는 것은 허용되지 않는다.

②「하천법」제50조에 의한 하천수 사용권은「공익사업을 위한 토지 등의 취득 및 보상에 관한 법률」제76조 제1항이 손실보상의 대상으로 규정하고 있는 '물의 사용에 관한 권리'에 해당하지 않는다.

③ 하천점용허가에 따라 해당 하천을 점용할 수 있는 권리는 하천의 관리주체에 대하여 일정한 특별사용을 청구할 수 있는 채권에 해당한다.

④ 공공용물에 관하여 적법한 개발행위 등이 이루어짐으로 말미암아 이에 대한 일정범위의 사람들의 일반사용이 종전에 비하여 제한받게 되었다고 하더라도 특별한 사정이 없는 한 그로 인한 불이익은 손실보상의 대상이 되는 특별한 손실에 해당된다고 할 수 없다.

21

「공공기관의 정보공개에 관한 법률」에 대한 다음 설명 중 옳지 않은 것은? (다툼이 있는 경우 판례에 의함)

① 자연인은 물론 법인도 정보공개청구를 할 수 있으나 지방자치단체는 정보공개청구를 할 수 없다.
② 사법시험 답안지는 비공개대상정보가 아니다.
③ 「공공기관의 정보공개에 관한 법률」은 공공기관이 보유·관리하는 정보공개에 관한 일반법이지만, 국가안보에 관련되는 정보는 이 법의 적용대상이 아니다.
④ 통상적으로 정보에 포함되어 있는 개인식별정보는 비공개대상이나, 독립유공자 서훈공적 심사위원회 회의록이나 형사재판확정기록은 공개청구대상이다.

22

「행정심판법」상 의무이행심판에 관한 설명으로 옳지 않은 것은?

① 의무이행심판은 거부처분이나 부작위에 대하여 일정한 처분을 구할 법률상 이익이 있는 자가 청구인 적격을 갖는다.
② 당사자의 신청을 거부하거나 부작위로 방치한 처분의 이행을 명하는 재결이 있는 경우에는 처분청은 지체 없이 그 재결의 취지에 따라 다시 이전의 신청에 대한 처분을 하여야 한다.
③ 의무이행재결은 행정심판위원회가 의무이행심판의 청구가 이유 있다고 인정할 때에 지체 없이 신청에 따른 처분을 하거나 처분청에게 그 신청에 따른 처분을 할 것을 명하는 재결을 말한다.
④ 거부처분이나 부작위에 대한 의무이행심판청구는 청구기간의 제한이 있다.

23

행정소송에 관한 설명으로 옳지 않은 것은? (다툼이 있는 경우 판례에 의함)

① 행정심판청구가 부적법하지 않음에도 각하한 재결은 심판청구인의 실체심리를 받을 권리를 박탈한 것으로서 재결에 고유한 하자가 있는 경우에 해당하여 재결 자체가 취소소송의 대상이 된다.
② 항고소송은 원칙적으로 당해 처분을 대상으로 하나, 당해 처분에 대한 재결 자체에 고유한 주체, 절차, 형식 또는 내용상의 위법이 있는 경우에 한하여 그 재결을 대상으로 할 수 있다.
③ 한국자산공사가 당해 부동산을 인터넷을 통해 재공매하기로 한 결정도 항고소송의 대상이 되는 행정처분이라고 볼 수 있다.
④ 「병역법」상 신체등위판정은 항고소송의 대상이 되는 행정처분이라 보기 어렵다.

24

훈령에 대한 다음 설명 중 옳지 않은 것은? (다툼이 있는 경우 판례에 의함)

① 훈령은 하급행정기관의 권한에 속하는 사항에 대하여 발하여야 하고 적법·타당·가능해야 한다.
② 훈령을 근거로 행정관행이 형성된 경우에는 그 관행에 위반하여 처분을 하게 되면 행정의 자기구속의 법리나 평등의 원칙의 위배로 위법한 처분이 될 수 있다.
③ 양도소득세 부과 근거인 재산제세조사사무처리규정은 국세청 훈령이므로 그에 위반한 행정처분은 위법하지 않다.
④ 하급행정기관이 훈령에 위반하는 행정행위를 한 경우 직무상 위반행위로 징계책임을 질 수 있다.

취소소송에 관한 설명으로 옳지 <u>않은</u> 것은? (다툼이 있는 경우 판례에 의함)

① 어떠한 처분에 법령상 근거가 있는지, 「행정절차법」에서 정한 처분절차를 준수하였는지는 본안에서 당해 처분이 적법한가를 판단하는 단계에서 고려할 요소가 아니라, 소송요건 심사단계에서 고려할 요소이다.

② 행정처분의 위법 여부는 행정처분이 있을 때의 법령과 사실상태를 기준으로 판단하여야 하며, 법원은 행정처분 당시 행정청이 알고 있었던 자료뿐만 아니라 사실심 변론종결 당시까지 제출된 모든 자료를 종합하여 처분 당시 존재하였던 객관적 사실을 확정하고 그 사실에 기초하여 처분의 위법 여부를 판단할 수 있다.

③ 개발부담금부과처분 취소소송에 있어 당사자가 제출한 자료에 의하여 적법하게 부과될 정당한 부과금액을 산출할 수 없을 경우에는 부과처분 전부를 취소할 수밖에 없으나, 그렇지 않은 경우에는 그 정당한 금액을 초과하는 부분만 취소하여야 한다.

④ 사정판결은 당사자의 명백한 주장이 없는 경우에도 기록에 나타난 여러 사정을 기초로 직권으로 할 수 있는 것이나, 그 요건인 현저히 공공복리에 적합하지 아니한지 여부는 위법한 행정처분을 취소·변경하여야 할 필요와 그 취소·변경으로 인하여 발생할 수 있는 공공복리에 반하는 사태 등을 비교·교량하여 판단하여야 한다.

빠른 정답표 ▶ 분석해설편 P.2
정답과 해설 ▶ 분석해설편 P.200

7급 군무원 행정법

01

다음 중 「행정기본법」에 제시된 행정의 법원칙에 대한 설명으로 가장 옳지 않은 것은?

① 행정작용은 법률에 위반되어서는 아니 되며, 국민의 권리를 제한하거나 의무를 부과하는 경우와 그 밖에 국민생활에 중요한 영향을 미치는 경우에는 법률에 근거하여야 한다.
② 행정청은 어떠한 경우에도 국민을 차별하여서는 아니 된다.
③ 행정청은 행정권한을 남용하거나 그 권한의 범위를 넘어서는 아니 된다.
④ 행정청은 공익 또는 제3자의 이익을 현저히 해칠 우려가 있는 경우를 제외하고는 행정에 대한 국민의 정당하고 합리적인 신뢰를 보호하여야 한다.

02

다음 중 「질서위반행위규제법」에 대한 설명으로 가장 옳지 않은 것은?

① 행정청의 과태료 처분이나 법원의 과태료 재판이 확정된 후 법률이 변경되어 그 행위가 질서위반행위에 해당하지 아니하게 된 때에는 변경된 법률에 특별한 규정이 없는 한 과태료의 징수 또는 집행을 면제한다.
② 법률에 따르지 아니하고는 어떤 행위도 질서위반행위로 과태료를 부과하지 아니한다.
③ 신분에 의하여 성립하는 질서위반행위에 신분이 없는 자가 가담한 때에 신분이 없는 자에 대하여는 질서위반행위가 성립하지 아니한다.
④ 신분에 의하여 과태료를 감경 또는 가중하거나 과태료를 부과하지 아니하는 때에는 그 신분의 효과는 신분이 없는 자에게는 미치지 아니한다.

03

다음 중 행정행위에 대한 설명으로 가장 옳지 않은 것은? (단, 다툼이 있는 경우 판례에 의함)

① 개별공시지가 결정과 이를 기초로 한 과세처분인 양도소득세 부과처분에서는 흠의 승계는 긍정된다.
② 하자 있는 행정처분이 당연무효가 되기 위해서는 그 하자가 법규의 중요한 부분을 위반한 중대한 것으로서 객관적으로 명백한 것이어야 하며, 하자가 중대하고 명백한지 여부를 판별할 때에는 그 법규의 목적·의미·기능 등을 목적론적으로 고찰함과 동시에 구체적 사안 자체의 특수성에 관하여도 합리적으로 고찰함을 요한다.
③ 무효인 행정행위에 대하여 무효의 주장을 취소소송의 형식(무효선언적 취소)으로 제기하는 경우에 있어서, 취소소송의 형식에 의하여 제기되었더라도 이러한 소송에 있어서는 취소소송의 제소요건의 제한을 받지 아니한다.
④ 위법한 행정대집행이 완료되면 그 처분의 무효확인 또는 취소를 구할 소의 이익은 없다 하더라도, 미리 그 행정처분의 취소판결이 있어야만, 그 행정처분의 위법임을 이유로 한 손해배상 청구를 할 수 있는 것은 아니다.

04

다음 중 행정행위에 대한 설명으로 가장 옳지 <u>않은</u> 것은? (단, 다툼이 있는 경우 판례에 의함)

① 행정행위를 한 처분청은 그 처분 당시에 그 행정처분에 별다른 하자가 없었고 또 그 처분 후에 이를 취소할 별도의 법적 근거가 없다 하더라도 원래의 처분을 그대로 존속시킬 필요가 없게 된 사정변경이 생겼거나 또는 중대한 공익상의 필요가 발생한 경우에는 별개의 행정행위로 이를 철회하거나 변경할 수 있다.

② 일반적으로 조례가 법률 등 상위법령에 위배된다는 사정은 그 조례의 규정을 위법하여 무효라고 선언한 대법원의 판결이 선고되지 아니한 상태에서는 그 조례 규정의 위법 여부가 해석상 다툼의 여지가 없을 정도로 명백하였다고 인정되지 아니하는 이상 객관적으로 명백한 것이라 할 수 없으므로, 이러한 조례에 근거한 행정처분의 하자는 취소사유에 해당할 뿐 무효사유가 된다고 볼 수는 없다.

③ 일반적으로 행정처분이나 행정심판재결이 불복기간의 경과로 확정될 경우 그 확정력은, 처분으로 법률상 이익을 침해받은 자가 당해 처분이나 재결의 효력을 더이상 다툴 수 없다는 의미이므로 확정판결에서와 같은 기판력이 인정된다.

④ 도로점용허가의 점용기간은 행정행위의 본질적인 요소에 해당한다고 볼 것이어서 부관인 점용기간을 정함에 있어서 위법사유가 있다면 이로써 도로점용허가 처분 전부가 위법하게 된다.

05

다음 중 「정부조직법」에 대한 설명으로 가장 옳지 <u>않은</u> 것은?

① 대통령은 정부의 수반으로서 법령에 따라 모든 중앙행정기관의 장을 지휘·감독한다.

② 대통령은 국무총리와 중앙행정기관의 장의 명령이나 처분이 위법 또는 부당하다고 인정하면 이를 중지 또는 취소할 수 있다.

③ 국무총리는 대통령의 명을 받아 각 중앙행정기관의 장을 지휘·감독한다.

④ 국무총리는 중앙행정기관의 장의 명령이나 처분이 위법 또는 부당하다고 인정될 경우에는 스스로 이를 중지 또는 취소할 수 있다.

06

다음 중 「행정조사기본법」상 행정조사에 대하여 괄호 안에 들어갈 단어로 가장 옳지 <u>않은</u> 것은?

> 행정조사는 조사목적을 달성하는 데 필요한 (ㄱ) 범위 안에서 실시하여야 하며, (ㄴ) 등을 위하여 조사권을 남용하여서는 아니 된다. 행정기관은 (ㄷ)에 적합하도록 조사대상자를 선정하여 행정조사를 실시하여야 한다. 행정기관은 유사하거나 동일한 사안에 대하여는 공동조사 등을 실시함으로써 행정조사가 (ㄹ) 아니하도록 하여야 한다. 행정조사는 법령 등의 위반에 대한 (ㅁ)보다는 법령 등을 준수하도록 (ㅂ)하는 데 중점을 두어야 한다. 다른 (ㅅ)에 따르지 아니하고는 행정조사의 대상자 또는 행정조사의 내용을 공표하거나 직무상 알게 된 비밀을 누설하여서는 아니 된다. 행정기관은 행정조사를 통하여 알게 된 정보를 다른 법률에 따라 내부에서 이용하거나 다른 기관에 제공하는 경우를 제외하고는 원래의 (ㅇ) 이외의 용도로 이용하거나 타인에게 제공하여서는 아니 된다.

① ㄱ: 적절한   ㄴ: 다른 목적

② ㄷ: 조사목적   ㄹ: 중복되지

③ ㅁ: 처벌   ㅂ: 유도

④ ㅅ: 법률   ㅇ: 조사목적

07

다음 중 원고에게 법률상 이익이 인정되는 사안으로만 묶은 것은? (단, 다툼이 있는 경우 판례에 의함)

> ㄱ. 주거지역 내에 법령상 제한면적을 초과한 연탄공장 건축허가처분에 대한 주거지역 외에 거주하는 거주자의 취소소송
>
> ㄴ. 지방자치단체장이 공장시설을 신축하는 회사에 대하여 사업승인 당시 부가하였던 조건을 이행할 때까지 신축공사를 중지하라는 명령을 발하였고, 회사는 중지명령의 원인사유가 해소되지 않았음에도 공사중지명령의 해제를 요구하였고, 이에 대한 지방자치단체장의 해제요구의 거부에 대한 회사의 취소소송
>
> ㄷ. 관련 법령상 인가·허가 등 수익적 행정처분을 신청한 여러 사람이 서로 경원관계에 있어서 한 사람에 대한 허가 등 처분이 다른 사람에 대한 불허가 등으로 귀결될 수밖에 없는 경우에, 허가 등 처분을 받지 못한 자가 자신에 대한 거부에 대하여 제기하는 취소소송
>
> ㄹ. 이른바 예탁금회원제 골프장에 있어서, 체육시설업자가 회원모집계획서를 제출하면서 사업계획의 승인을 받을 때 정한 예정인원을 초과하여 회원을 모집하는 내용의 회원모집 계획서를 제출하여 그에 대한 시·도지사 등의 검토결과 통보를 받은 경우, 기존회원이 회원모집계획서에 대한 시·도지사의 검토결과 통보에 대한 취소소송

① ㄱ, ㄷ   ② ㄷ, ㄹ   ③ ㄴ, ㄹ   ④ ㄱ, ㄴ

08

다음 중 행정조직에 대한 설명으로 가장 옳지 <u>않은</u> 것은?

① 중앙행정기관에는 소관사무를 수행하기 위하여 필요한 때에는 특히 법률로 정한 경우를 제외하고는 대통령령으로 정하는 바에 따라 지방행정기관을 둘 수 있다.

② 행정기관에는 그 소관사무의 일부를 독립하여 수행할 필요가 있는 때에는 대통령령으로 정하는 바에 따라 행정위원회 등 합의제행정기관을 둘 수 있다.

③ 행정기관은 법령으로 정하는 바에 따라 그 소관사무의 일부를 보조기관 또는 하급행정기관에 위임하거나 다른 행정기관·지방자치단체 또는 그 기관에 위탁 또는 위임할 수 있다. 이 경우 위임 또는 위탁을 받은 기관은 특히 필요한 경우에는 법령으로 정하는 바에 따라 위임 또는 위탁을 받은 사무의 일부를 보조기관 또는 하급행정기관에 재위임할 수 있다.

④ 행정기관은 법령으로 정하는 바에 따라 그 소관사무 중 조사·검사·검정·관리 업무 등 국민의 권리·의무와 직접 관계되지 아니하는 사무를 지방자치단체가 아닌 법인·단체 또는 그 기관이나 개인에게 위탁할 수 있다.

09

다음 중 「국유재산법」에 대한 설명으로 가장 옳지 <u>않은</u> 것은?

① 국유재산에 관한 사무에 종사하는 직원은 그 처리하는 국유재산을 취득하거나 자기의 소유재산과 교환하지 못하며, 이에 위반한 행위는 취소할 수 있다.

② 국유재산은 그 용도에 따라 행정재산과 일반재산으로 구분되며, 행정재산 외의 모든 국유재산은 일반재산이다.

③ 행정재산은 처분하지 못하며, 국가 외의 자는 원칙적으로 국유재산에 건물, 교량 등 구조물과 그 밖의 영구시설물을 축조하지 못한다.

④ 사권(私權)이 설정된 재산은 판결에 따라 취득하는 경우를 제외하고는 그 사권이 소멸된 후가 아니면 국유재산으로 취득하지 못한다.

10

다음 중 행정행위의 구성요건적 효력(공정력)과 선결문제에 대한 설명으로 가장 옳지 <u>않은</u> 것은? (단, 다툼이 있는 경우 판례에 의함)

① 甲이 영업정지처분이 위법하다고 주장하면서 국가를 상대로 손해배상청구소송을 제기한 경우, 법원은 취소사유에 해당하는 것을 인정하더라도 그 처분의 취소판결이 없는 한 손해배상청구를 인용할 수 없다.
② 선결문제가 행정행위의 당연무효이면 민사법원이 직접 그 무효를 판단할 수 있다.
③ 과세대상과 납세의무자 확정이 잘못되어 당연무효인 과세에 대해서는 체납이 문제될 여지가 없으므로 조세체납범이 문제되지 않는다.
④ 행정행위의 위법 여부가 범죄구성요건의 문제로 된 경우에는 형사법원이 행정행위의 위법성을 인정할 수 있다.

11

다음 중 하자의 승계가 인정되는 경우는? (단, 다툼이 있는 경우 판례에 의함)

① 국제항공노선 운수권배분실효처분 및 노선면허거부처분과 노선면허처분
② 보충역편입처분과 공익근무요원소집처분
③ 토지구획정리사업시행인가처분과 환지청산금부과처분
④ 대집행계고처분과 비용납부명령

12

다음 중 공무원관계에 대한 설명으로 가장 옳지 <u>않은</u> 것은? (단, 다툼이 있는 경우 판례에 의함)

① 임용결격자가 공무원으로 임용되어 사실상 근무하여 온 경우 임용결격의 하자가 치유되어 「공무원연금법」이나 「근로자퇴직급여보장법」에서 정한 퇴직급여를 청구할 수 있다.
② 「국가공무원법」상 직위해제에 관한 규정은 징계절차 및 그 진행과는 관계가 없는 규정이므로 직위해제 중에 있는 자에 대하여도 징계처분을 할 수 있다.
③ 「국가공무원법」상 직위해제처분은 처분의 사전통지 및 의견청취 등에 관한 「행정절차법」 규정이 별도로 적용되지 아니한다.
④ 공무원은 자신에 대한 징계처분에 대해 항고소송을 제기하려면 반드시 소청심사위원회의 결정을 거쳐야 한다.

13

다음 중 공무원으로 임용이 될 수 있는 자는 몇 명인가?

ㄱ. 징계에 의하여 해임의 처분을 받은 때로부터 1,500일이 된 자
ㄴ. 공무원으로 재직기간 중 직무와 관련하여 「형법」 제355조 및 제356조에 규정된 죄를 범한 자로서 100만 원의 벌금형을 선고받고 그 형이 확정된 후 2년이 지나지 아니한 자
ㄷ. 미성년자에 대한 「아동·청소년의 성보호에 관한 법률」 제2조 제2호에 따른 아동·청소년대상 성범죄를 저질러 해임된 사람
ㄹ. 금고 이상의 형의 집행유예를 선고받고 그 집행유예기간이 끝난 날부터 1,500일이 된 자
ㅁ. 금고 이상의 실형을 선고받고 그 집행이 끝나거나 집행이 면제된 날부터 1,500일이 된 자
ㅂ. 「성폭력범죄의 처벌 등에 관한 특례법」 제2조에 규정된 죄를 범한 사람으로서 100만 원 이상의 벌금형을 선고받고 그 형이 확정된 후 3년이 지나지 아니한 자

① 1명　　② 2명　　③ 3명　　④ 4명

14

다음 중 「공익사업을 위한 토지 등의 취득 및 보상에 관한 법률」에 대한 설명으로 가장 옳지 <u>않은</u> 것은?

① 사업시행자가 수용 또는 사용의 개시일까지 관할 토지수용위원회가 재결한 보상금을 지급하거나 공탁하지 아니하였을 때에는 해당 토지수용위원회의 재결은 효력을 상실하고, 이 경우 사업시행자는 재결의 효력이 상실됨으로 인하여 토지소유자 또는 관계인이 입은 손실을 보상하여야 한다.

② 사업시행자는 보상금을 받을 자가 그 수령을 거부하거나 보상금을 수령할 수 없을 때에는 수용 또는 사용의 개시일까지 수용하거나 사용하려는 토지 등의 소재지의 공탁소에 보상금을 공탁(供託)할 수 있다.

③ 공익사업에 필요한 토지 등의 취득 또는 사용으로 인하여 토지소유자나 관계인이 입은 손실은 국가 또는 지방자치단체가 보상하여야 한다.

④ 토지수용위원회의 재결이 있은 후 수용하거나 사용할 토지나 물건이 토지소유자 또는 관계인의 고의나 과실 없이 멸실되거나 훼손된 경우 그로 인한 손실은 사업시행자가 부담한다.

15

다음 중 「지방자치법」의 내용에 대한 설명으로 가장 옳지 <u>않은</u> 것은?

① 지방자치단체는 1. 특별시, 광역시, 도, 특별자치도와 2. 시, 군, 구의 두 가지 종류로 구분한다.

② 지방자치단체의 장은 주민에게 과도한 부담을 주거나 중대한 영향을 미치는 지방자치단체의 주요 결정사항 등에 대하여 주민투표에 부칠 수 있다.

③ 주민은 지방자치단체의 조례를 제정하거나 개정하거나 폐지할 것을 청구할 수 있다.

④ 주민은 그 지방자치단체의 장 및 지방의회의원(비례대표 지방의회의원은 제외한다)을 소환할 권리를 가진다.

16

다음 중 행정법상 의무의 강제방법에 관한 설명으로 가장 옳지 <u>않은</u> 것은? (단, 다툼이 있는 경우 판례에 의함)

① 법인은 기관을 통하여 행위하므로 법인이 대표자를 선임한 이상 그의 행위로 인한 법률효과는 법인에게 귀속되어야 하고, 법인대표자의 범죄행위에 대하여는 법인이 자신의 행위에 대한 책임을 부담하는 것이다.

② 행정청이 여러 개의 위반행위에 대하여 하나의 제재처분을 하였으나, 위반행위별로 제재처분의 내용을 구분하는 것이 가능하고 여러 개의 위반행위 중 일부의 위반행위에 대한 제재처분 부분만이 위법하다면, 법원은 제재처분 중 위법성이 인정되는 부분만 취소하여야 하고 제재처분 전부를 취소하여서는 아니 된다.

③ 관계 법령상 행정대집행의 절차가 인정되어 행정청이 행정대집행의 방법으로 건물의 철거 등 대체적 작위의무의 이행을 실현할 수 있는 경우에는 따로 민사소송의 방법으로 그 의무의 이행을 구할 수 없다.

④ 행정대집행은 대체적 작위의무에 대한 강제집행수단이고, 이행강제금은 부작위의무나 비대체적 작위의무에 대한 강제집행수단이므로 이행강제금은 대체적 작위의무의 위반에 대하여는 부과될 수 없다.

17

다음 중 「행정기본법」에 규정된 행정법상 원칙으로 가장 옳지 <u>않은</u> 것은?

① 성실의무 및 권한남용금지의 원칙

② 신뢰보호의 원칙

③ 부당결부금지의 원칙

④ 행정의 자기구속의 원칙

18

다음 중 행정처분의 효력에 관한 설명으로 가장 옳지 <u>않은</u> 것은? (단, 다툼이 있는 경우 판례에 의함)

① 행정행위의 '공정력'이란 행정행위가 위법하더라도 취소되지 않는 한 유효한 것으로 통용되는 효력을 의미하는 것이다.

② 행정행위의 공정력은 판결의 기판력과 같은 효력은 아니지만 그 공정력의 객관적 범위에 속하는 행정행위의 하자가 취소사유에 불과한 때에는 그 처분이 취소되지 않는 한 처분의 효력을 부정하여 그로 인한 이득을 법률상 원인 없는 이득이라고 말할 수 없는 것이다.

③ 영업의 금지를 명한 영업허가취소처분 자체가 나중에 행정쟁송절차에 의하여 취소되었다면 그 영업허가취소처분 이후의 영업행위를 무허가영업이라고 볼 수는 없다.

④ 과세관청이 법령 규정의 문언상 과세처분요건의 의미가 분명함에도 합리적인 근거 없이 그 의미를 잘못 해석한 결과, 과세처분요건이 충족되지 아니한 상태에서 해당 처분을 한 경우에는 과세요건사실을 오인한 것에 불과하여 그 하자가 명백하다고 할 수 없다.

19

다음 중 행정처분의 소멸에 관한 설명으로 가장 옳지 <u>않은</u> 것은? (단, 다툼이 있는 경우 판례에 의함)

① 취소심판을 제기한 경우 관할 행정심판위원회에서 취소재결하는 것은 직권취소에 해당한다.

② 도시계획시설사업의 사업자 지정을 한 관할청은 도시계획시설사업의 시행자 지정에 하자가 있는 경우, 별도의 법적 근거가 없더라도 스스로 이를 취소할 수 있다.

③ 종전 행정처분에 하자가 있음을 전제로 직권으로 이를 취소하는 행정처분의 경우 하자나 취소해야 할 필요성에 관한 증명책임은 기존 이익과 권리를 침해하는 처분을 한 행정청에 있다.

④ 지방병무청장은 군의관의 신체등위판정이 금품수수에 따라 위법 또는 부당하게 이루어졌다고 인정하는 경우, 그 신체등위판정을 기초로 자신이 한 병역처분을 직권으로 취소할 수 있다.

20

다음 중 국유재산에 관한 설명으로 옳지 <u>않은</u> 것은? (단, 다툼이 있는 경우 판례에 의함)

① 기업용 재산은 행정재산에 속한다.

② 국유재산은 「민법」에도 불구하고 시효취득의 대상이 되지 아니한다.

③ 국유재산이 용도폐지되기 전 종전 관리청이 부과·징수하지 아니한 사용료가 있는 경우, 용도폐지된 국유재산을 종전 관리청으로부터 인계받은 기획재정부장관이 사용료를 부과·징수할 수 있는 권한을 가진다.

④ 행정재산의 사용허가를 받은 자가 그 행정재산의 관리를 소홀히 하여 재산상의 손해를 발생하게 한 경우에는 사용료 외에 대통령령으로 정하는 바에 따라 그 사용료를 넘지 아니하는 범위에서 가산금을 징수할 수 있다.

21

다음 중 「공익사업을 위한 토지 등의 취득 및 보상에 관한 법률」상 손실보상제도에 관한 설명으로 가장 옳은 것은? (단, 다툼이 있는 경우 판례에 의함)

① 사업시행자가 광업권·어업권·양식업권 또는 물의 사용에 관한 권리를 취득하거나 사용하는 경우에는 동법이 적용되지 않는다.

② 토지수용위원회의 수용재결이 있은 후라고 하더라도 토지소유자 등과 사업시행자가 다시 협의하여 토지 등의 취득이나 사용 및 그에 대한 보상에 관하여 임의로 계약을 체결할 수 있다.

③ 사업시행자가 수용 또는 사용의 개시일까지 관할 토지수용위원회가 재결한 보상금을 지급하거나 공탁하지 아니하였을 때에는 해당 토지수용위원회의 재결의 효력은 확정되어 더이상 다툴 수 없다.

④ 사업시행자가 동일한 토지소유자에 속하는 일단의 토지 일부를 취득함으로써 잔여지를 종래의 목적에 사용하는 것이 불가능하거나 현저히 곤란한 경우이어야만 잔여지 손실보상청구를 할 수 있다.

22

다음 중 정보공개에 대한 설명으로 가장 옳지 <u>않은</u> 것은? (단, 다툼이 있는 경우 판례에 의함)

① 자연인은 물론 법인과 법인격 없는 사단·재단도 공공기관이 보유·관리하는 정보의 공개를 청구할 수 있다.

② 국내에 일정한 주소를 두고 거주하는 외국인은 정보공개청구권을 가진다.

③ 이미 다른 사람에게 공개되어 널리 알려져 있거나 인터넷을 통해 공개되어 인터넷 검색 등을 통하여 쉽게 검색할 수 있는 경우에는 공개청구의 대상이 될 수 없다.

④ '정보'란 공공기관이 직무상 작성 또는 취득하여 관리하고 있는 문서(전자문서를 포함한다) 및 전자매체를 비롯한 모든 매체 등에 기록된 사항을 말한다.

23

다음 중 「행정소송법」상 사정판결에 대한 내용으로 가장 옳지 <u>않은</u> 것은?

제28조(사정판결) ① 원고의 청구가 (ㄱ)고 인정하는 경우에도 처분 등을 취소하는 것이 현저히 (ㄴ)에 적합하지 아니하다고 인정하는 때에는 법원은 원고의 청구를 (ㄷ)할 수 있다. 이 경우 법원은 그 판결의 (ㄹ)에서 그 처분 등이 (ㅁ)을 명시하여야 한다.
② 법원이 제1항의 규정에 의한 판결을 함에 있어서는 미리 원고가 그로 인하여 입게 될 (ㅂ)의 정도와 배상방법 그 밖의 사정을 조사하여야 한다.
③ 원고는 피고인 행정청이 속하는 국가 또는 공공단체를 상대로 (ㅅ), (ㅇ) 그 밖에 적당한 구제방법의 청구를 당해 취소소송 등이 계속된 법원에 병합하여 제기할 수 있다.

① ㄱ : 이유있다   ㅇ : 제해시설의 설치

② ㄴ : 공공복리   ㅅ : 손해배상

③ ㄷ : 기각   ㅂ : 손해

④ ㄹ : 이유   ㅁ : 위법함

24

다음 중 「행정절차법」상 처분의 사전통지에 관한 설명 중 가장 옳은 것은? (단, 다툼이 있는 경우 판례에 의함)

① 행정청은 당사자에게 사전통지를 하면서 의견제출에 필요한 기간을 10일 이상으로 고려하여 정하여 통지하여야 한다.

② 신청에 대한 거부처분은 당사자의 권익을 제한하는 처분에 해당하므로 처분의 사전통지의 대상이 된다.

③ 현장조사에서 처분 상대방이 위반사실을 시인하였다면 행정청은 처분의 사전통지절차를 하지 않아도 된다.

④ 행정청은 해당 처분의 성질상 의견청취가 현저히 곤란하더라도 사전통지를 해야 한다.

25

다음 중 통치행위에 대한 설명으로 가장 옳지 <u>않은</u> 것은? (단, 다툼이 있는 경우 판례에 의함)

① 국군을 외국에 파견하는 결정은 통치행위로서 고도의 정치적 결단이 요구되는 사안에 대한 대통령과 국회의 판단은 존중되어야 하고 헌법재판소가 사법적 기준만으로 이를 심판하는 것은 자제되어야 한다.

② 남북정상회담의 개최과정에서 재정경제부장관에게 신고하지 아니하고 북한 측에 사업권의 대가명목으로 송금한 행위는 남북정상회담에 도움을 주기 위한 통치행위로서 사법심사의 대상이 되지 아니한다.

③ 대통령의 사면권행사는 형의 선고의 효력 또는 공소권을 상실시키거나 형의 집행을 면제시키는 국가원수의 고유한 권한을 의미하며, 사법부의 판단을 변경하는 제도로서 권력분립의 원리에 대한 예외이다.

④ 대통령의 긴급재정경제명령은 국가긴급권의 일종으로서 고도의 정치적 결단이나, 그것이 국민의 기본권 침해와 직접 관련되는 경우에는 당연히 헌법재판소의 심판대상이 된다.

빠른 정답표 ▶ 분석해설편 P.2
정답과 해설 ▶ 분석해설편 P.211

삶의 순간순간이
아름다운 마무리이며
새로운 시작이어야 한다.

– 법정 스님

2024 에듀윌 군무원 18개년 기출문제집 행정법

발 행 일	2023년 11월 23일 초판
편 저 자	김용철
펴 낸 이	양형남
펴 낸 곳	(주)에듀윌
등록번호	제25100-2002-000052호
주 소	08378 서울특별시 구로구 디지털로34길 55
	코오롱싸이언스밸리 2차 3층

www.eduwill.net

대표전화 1600-6700

여러분의 작은 소리
에듀윌은 크게 듣겠습니다.

본 교재에 대한 여러분의 목소리를 들려주세요.
공부하시면서 어려웠던 점, 궁금한 점,
칭찬하고 싶은 점, 개선할 점, 어떤 것이라도 좋습니다.

에듀윌은 여러분께서 나누어 주신 의견을
통해 끊임없이 발전하고 있습니다.

에듀윌 도서몰 book.eduwill.net
- 부가학습자료 및 정오표: 에듀윌 도서몰 → 도서자료실
- 교재 문의: 에듀윌 도서몰 → 문의하기 → 교재(내용, 출간) / 주문 및 배송